野菜の恩返し

野菜もよろこぶ魔法の103レシピ

平野レミ

はじめに

私の料理には、いつも野菜がたっぷり入ります。
食卓では、お肉より野菜から先に食べます。
野菜で胃をコーティングしておけば、
あとで油っこいギトギト料理が体に入っても、うしろめたくないでしょ。

野菜は、つきあい方しだいで「人格」が変わります。
たとえばれんこんは、炒めるとシャキシャキに。
ふたして煮るとホクホクに。すりおろすとトロントロンに。
根菜は、はじめから調味料を入れて煮込むと、かたくて調味料をガードしちゃうけど、
先にゆでてやわらかくしておけば、ガードがゆるんですんなり味が入るんです。
なんだか人間みたいですよね。

玉ねぎをじっくり炒めれば甘～い子になって、砂糖が少なくてすむし、
たんぱく質が豊富なカリフラワーは、体づくりのよいパートナーにもなります。

野菜の声に耳をかたむけ、その性格を理解してあげると、
心にも体にもいいことたくさん。食べる人が元気になれば、
きっと野菜だって喜んでくれると思うんです。

そんな野菜をおいしく、楽しく変身させてあげるのが、
私から野菜への恩返し。
野菜の魅力を引き出す料理をたくさん紹介しましたので、
ぜひ作ってみてくださいね。

平野レミ

目次

4章 ひと皿完結 めんものごはんもの

*表紙カバーの料理は14ページで紹介している「豚眠菜園」です。

5章 すぐに作れる おつまみ

6章 頼りにしてよ！ たれとソース

column

この本の使い方

この本は、開いたままで
料理がしやすい仕様です！

材料と作り方は、もっとも作りやすい分量です。2人分を基本として、1〜4人分までの表記があります。

調理時間の目安は、材料を準備してから完成するまでの所要時間です。材料を漬けておく、味をなじませる、米を浸水させるなどの時間は除きます。また、個人差がありますので、参考までにしてください。

05分

あっさり、あさり、豚

あさりと豚肉は相性抜群！

材料(4人分)

にんにく…1かけ
あさり(殻つき・砂出しずみ)…400g
豚バラ肉(しゃぶしゃぶ用)…300g
酒…大さじ1.5
香菜(ざく切り)…適量
ポン酢しょうゆ…適量

LEGEND #2

豚肉はパックごとなべにガバッと入れたら、ほったらかしでOK。究極の時短メニューは、「かんたんでうれしい！」「リピートしてます」と、昔も今もたくさんの感想をいただいています。あさりのふたがあいてあさりのエキスが豚にからまっておいしくなる。うちでは数え切れないほど作ってます。

作り方

1 にんにくは皮つきのままボウルの底でドンとたたいてつぶし、皮をむいて粗く刻む。

勢いよくドン！っとぶっ太太くと、かんたんに皮がとれるし、刻む時間も短縮できます。

2 フライパンににんにく、あさりを広げ、その上に豚肉をパックごとガバッとひっくり返してかぶせる。

3 酒を振り、ふたをして火にかけ、あさりの口があいたら火を止める。

4 汁ごと器に盛り、香菜を散らす。ポン酢しょうゆをつけて食べる。

memo

写真のように、香菜のみじん切りとしょうゆ同量を合わせたものや、レモンじょうゆで食べるのもおすすめ！
酒のかわりに紹興酒を入れるとシェフの味に。

［327kcal（1人分）／塩分量2.0g（1人分）］

12

レシピについてよりわかりやすく解説したい部分には下線を引き、ふきだしをつけて説明しています。

料理のエネルギー量と塩分量を記載しています。1人分を想定したものです。

作り方のコツや食べ方や味わいについての、補足説明をしています。

レシピの見方

- 小さじ１は5ml、大さじ１は15ml、１カップは200mlです。
- 米は1合＝180mlです。
- レシピ上、野菜の「洗う」「皮をむく」「へたをとる」などの作業は省略しています。
- 火かげんは、特に表記のない場合は中火です。
- 水どきかたくり粉は、かたくり粉を同量の水でといたものです。
- 電子レンジの加熱時間は600Wの場合の目安です。500Wの場合は2割増しの時間でかげんしてください。また、ラップをかけるときは、ふんわりとかけてください。
- 鶏ガラスープは塩分の入っていない希釈タイプを使用しています。塩分が入っている場合は、調理に使う塩を減らすなど、調節してください。
- 香菜は、パクチーのことです。コリアンダーとも呼ばれています。

味の決め手になる

私の好きな調味料

私はいつも、塩、砂糖、しょうゆ、みりんなど、基本的な調味料を使ってレシピを考えています。そこにときどきちょこっとアクセントになる調味料を加えるのが、シュフの味をシェフの味にするコツ。トマトペーストはうまみや酸味を足すのにいいし、オイスターソースは本格的なコクを加えるのに役立ちます。たとえばホワイトソースの中にちょっと入れると、一気にレストランの味になるんです。豆板醤、クミンパウダー、ナンプラーなどは、飛行機代タダで、海外に行っているような気分にさせてくれます。和風料理には、ゆずこしょう、塩麹、甘酒を愛用。塩麹は塩がわり、甘酒は砂糖がわりに使うことも。健康にいい発酵食品ですから、どんどんとり入れたいですね。

だしパックは私好みのものを開発。海の恵みと山の恵みをブレンドして、和でも洋でも使える味わいに仕上げました。「平野レミのわたしの和だし」。

基本のものに加えてこんな調味料をよく使っています。

これさえあれば！

私が作った調理道具

『レミパン』はオールインワン。これ1つでなんでも作れます。

レミパンプラスシリーズは3色展開。深さがあって熱伝導がいいだけでなく、返しやすいカーブも人気の秘密。調理に合わせて、深さや大きさも選べます。

煮る、蒸す、焼く、炊く、炒める、揚げる。これ、ぜーんぶ1つでできたらいいな〜の思いを強くして、自分で開発しちゃったのがかれこれ25年前。現在のようにカラフルな色のなべがない時代に、元気いっぱいビタミンカラーでキッチンを華やかに彩りました。ふたは立てられるので、狭いキッチンでも場所いらず。私と同じように、不精で気短な主婦に受けて、おかげさまでロングセラーになりました。日々、料理を重ねて〝もっと便利に！〟を形にしていく中で、現在のレミパンプラスシリーズも誕生しました。レミパンは、料理に欠かすことのできない相棒です。

こちらがロングセラーのレミパン。かわいい形がお気に入りです。

詳しくはこちらで check
https://remy.jp/

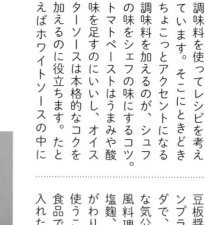

1章

みんながたくさん
作ってくれた
ベストレシピ

お料理の仕事をはじめて、もう半世紀。
これまで、メディアを通じて
数え切れないほどのレシピを
紹介させていただきました。
流行りの料理もあれば、
何十年も「おいしい、おいしい」と
愛され続ける料理もあります。
くり返し作っていただくと、
皆さんとベロでつながっている
感じがしてうれしいですね。
こうした私の代表作は、どれも野菜がたっぷり！
ここに紹介させていただきますね。

実家伝来！超かんたんでも味は一流です。

外国からやってきた、私のおじいちゃんが伝えた平野家の絶品レシピ。いまは息子家族も孫も一緒に食べている、一家の定番料理がこの「牛トマ」です。
　このレシピは、アメリカ人の祖父が大好きだったトマト料理。当時日本では、トマトはまだ観賞用でした。
　そんな時代から100年以上、わが家に受け継がれている味です。私は、バジルやサワークリームをプラスしてアレンジ。息子の嫁は、なすや玉ねぎをプラスしてアレンジ。孫は将来、どんなアレンジをするんでしょうね。
「味の絆」は時代を超えるんです。

4 ハーブソルト、こしょうで調味し、バジルをちぎりながら散らす。器に盛り、サワークリームをのせる。

memo

トマトの甘みが足りないときはちょっと砂糖を足してね。

LEGEND #1

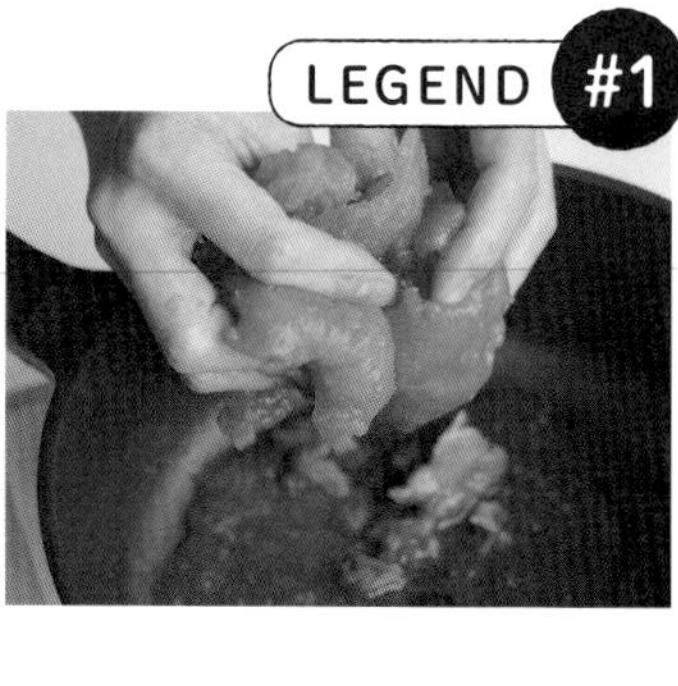

私が初めて出演した料理番組で紹介したのが牛トマ。トマトを手でぐしゃっとつぶしたら、抗議の電話がいっぱいかかってきちゃったみたい。でも味は絶品だから、レシピは人気になりました。

15分

牛トマ

［448kcal（1人分）／塩分量1.8g（1人分）］

材料(2人分)

牛ロース肉(しゃぶしゃぶ用)
…150g
完熟トマト…3個(450g)
オリーブオイル…大さじ1
ハーブソルト…小さじ1/2強
こしょう…少々
バジルの葉…10枚
サワークリーム…適量

*完熟トマトがないときは、トマト缶(400g)でもOK。

作り方

1 なべにたっぷりの湯を沸かし、牛肉をさっとくぐらせる。色が変わったらざるにあげる。

牛肉をゆでておくと、余分な脂が落とせるし、肉がかたくなりません。

2 次に**1**の熱湯にトマトを入れ、湯むきする。

3 フライパンにオリーブオイルを熱し、**2**を手でぐちゃっとつぶしながら入れて炒める。火が通ったら**1**を加えさっと混ぜる。

手でつぶすと断面に味がしみ込みやすくなります。

あ、っさ、り、豚

あさりと豚肉は相性抜群!

材料(4人分)

にんにく…1かけ
あさり(殻つき・
砂出しずみ)…400g
豚バラ肉(しゃぶしゃぶ用)…300g
酒…大さじ1.5
香菜(ざく切り)…適量
ポン酢しょうゆ…適量

LEGEND #2

豚肉はパックごとなべにガバッと入れたら、ほったらかしでOK。究極の時短メニューは、「かんたんでうれしい!」「リピートしてます」と、昔も今もたくさんの感想をいただいています。あさりのふたがあいてあさりのエキスが豚にからまっておいしくなる。うちでは数え切れないほど作ってます。

作り方

1 にんにくは皮つきのままボウルの底でドンとたたいてつぶし、皮をむいて粗く刻む。

勢いよくドン!っとぶったたくと、かんたんに皮がとれるし、刻む時間も短縮できます。

2 フライパンににんにく、あさりを広げ、その上に豚肉をパックごとガバッとひっくり返してかぶせる。

3 酒を振り、ふたをして火にかけ、あさりの口があいたら火を止める。

4 汁ごと器に盛り、香菜を散らす。ポン酢しょうゆをつけて食べる。

memo

写真のように、香菜のみじん切りとしょうゆ同量を合わせたものや、
レモンじょうゆで食べるのもおすすめ!
酒のかわりに紹興酒を入れるとシェフの味に。

[327kcal(1人分)/塩分量2.0g(1人分)]

15分

ブロッコリーのたらこソース

［206kcal（1人分）／塩分量1.5g（1人分）］

立ってるものが
倒れちゃうのは
仕方ないでしょ。

材料（2人分）

ブロッコリー…1株
A | 水…1/2カップ
　| 塩…ふたつまみ
バター（小さく切る）…10g
【たらこソース】
　| バター…10g
　| 小麦粉…大さじ1
　| 牛乳…1カップ
　| たらこ（ほぐす）…30g

LEGEND #3

テレビで紹介したら、ネットで大きな話題になったレシピ。生放送中に皿に立てたブロッコリーが倒れて「生きる放送事故！」なんて言われたけれど、味は変わらないので心配ご無用。家庭料理は楽しく作って、おいしく食べられるのが一番です。

作り方

1 ブロッコリーは根元だけを切り落とし、茎の皮をむく。耐熱ボウルに立てて入れ、Aを加えてブロッコリーの上にバターを散らす。ラップをかけて、電子レンジで7分加熱する。

根元は水平に切るのがポイント。

2 たらこソースを作る。フライパンにバターを熱し、小麦粉を加えてダマにならないように炒める。ふつふつしてきたら弱火にし、牛乳を3回に分けて加え、そのつどよく混ぜる。最後に強火にして煮立て、トロッとしたら火を止めてたらこを加えて混ぜて完成。

3 ブロッコリーを器に立てて盛り、ソースをかける。

ソースはまんべんなくかけて、ナイフとフォークで食べてね❤

豚眠菜園《トンミンサイエン》

じっくり炒めてパンチのきいた豚眠だれが、味の決め手。

25分

豚が野菜畑で眠っているみたいでしょ？料理名は夫がつけてくれました。

レシピ名を考えるときに夫の和田さんに相談すると、いつもナイスな料理名をつけてくれます。それが楽しくて、私も料理にユニークな名前をつけるように。特にこの料理は、中華風のネーミングも味も大好きな、私の十八番です。キャベツのかわりに、白菜や小松菜などの葉もの、蒸したなすでもなんでも好相性。この豚眠だれがあれば、お皿いっぱいの野菜だってペロリと食べられます。

材料(4人分)

【豚眠だれ】

サラダ油…大さじ3

A
- ねぎ(みじん切り)…1/2カップ(50g)
- にんにく(みじん切り)…大さじ1
- 豆板醤…小さじ1/4～

B
- しょうゆ…1/4カップ
- 酒…大さじ2
- 砂糖…大さじ1～

キャベツ(大きめのひと口大にちぎる)…300g

豚バラ薄切り肉(しゃぶしゃぶ用、5cm幅に切る)…300g

*豚眠だれは107ページでも紹介。

作り方

1 豚眠だれを作る。フライパンにサラダ油を入れ、弱火でAをじっくり炒める。Bを加え、さっと混ぜてひと煮立ちさせて完成。

（20分以上、ねぎがとろっとするまで炒める。）

2 なべにたっぷりの湯を沸かす。キャベツをゆでてざるにあげ、湯をよくきり、器に盛る。同じ湯に豚肉を入れてしゃぶしゃぶし、湯をよくきって1をからめ、キャベツの上にのせる。

［878kcal(1人分)／塩分量4.5g(1人分)］

LEGEND #4

半世紀近く作り続けているこの料理は、35年前に発売されたレシピ本『平野レミ・料理大会』(講談社刊)でも紹介しています。あれから調味料の配合や香味野菜の炒め方をくり返し実験して、いまのレシピにたどり着きました。

30年前に発表した、すいとりパスタ。

パスタも具も同時ゆで。ひとつのフライパンに具も水分も（**1**）めんも入れて（**2**）、具のうまみが出ただしをめんに吸わせる（**3**）ので「すいとりパスタ」。パスタを半分に折れば小さなべでもOK。そのうえ、具とよく絡んで食べやすくなるところもいいの。この方法で、うまみ100％のパスタが作れます！

レミパン（深型のフライパン）で作ってみてくださいね。

1.
具を炒めて
うまみを出し、
水分を加える

2.
ペーパータオルに
包んだえびの殻と、
パスタを折って
入れる

3.
うまみを
パスタに
吸いとらせる

カリフラワーのすいとりパスタ

memo
えびの殻から出たうまみを
パスタに吸わせるのがポイント。

20分

えびとアンチョビのうまみが、野菜とパスタにしみています。

材料(2人分)

えび(殻つき)…6尾(90g)

A	カリフラワー(小さめの小房に分ける)…200g 玉ねぎ(薄切り)…1/2個(100g) オリーブオイル…大さじ1 にんにく(たたいてみじん切り)…大さじ1 赤とうがらし…1本
B	水…2.5カップ ハーブソルト…小さじ1/2

パスタ(1.4mm・フェデリーニ)…140g

C	アンチョビ(みじん切り)…20g バター…10g

＊パスタは通常よりも少し細い
1.4mm太さのフェデリーニを使います。

作り方

1 えびは殻をむいて背わたをとり、半分に切る。えびの殻はさっと洗ってペーパータオルに包む。

2 レミパンにAを炒め、にんにくの香りが立ったら、Bと殻を包んだペーパータオルを加える。沸いたらパスタを半分に折って加えてふたをし、途中混ぜながら5分ほど火を通す。うまみが出たえびの殻は、しぼってとり除く。

3 1のえび、Cを加え、ふたをせずに1分混ぜ、パスタに汁けを吸わせる。

4 器に盛り、好みでパセリのみじん切り、オリーブオイル、粉チーズ、粗びき黒こしょうを振る。

〔521kcal（1人分）／塩分量3.0g（1人分）〕

作り方

1 レミパンにAを熱し、Bを炒める。火が通ったらカキをいったんとり出す。

ふっくらしたらOK。

2 Cを加え、沸いたらパスタを半分に折って加え、ふたをする。途中、パスタをほぐしながら7分ゆでてふたをとり、混ぜながらパスタに汁けを吸わせる。

3 汁けがほとんどなくなったら春菊、1のカキを戻し入れ、Dを加えて、さっとからめる。器に盛り、ゆずの皮を散らす。

memo

春菊の葉は最後に加えていい香り。

LEGEND #5

すいとりパスタは納得がいくまでなんども実験して「めんは1.4mm太さのフェデリーニ、ゆで汁は2.5カップがベスト!」だってわかったの。昔雑誌の仕事でこの方法のパスタを作ったら、担当編集者が驚いて、粉くさくなるのでマトモに作るよう言われたけれど、いまは主流よね。

15分

春菊のほろ苦さを、ソースがやさしく包み込む。

春菊とかきのすいとりパスタ

〔508kcal（1人分）／塩分量3.4g（1人分）〕

材料（2人分）

A　バター…20g
　　にんにく（みじん切り）…1/2かけ
B　カキ…150g
　　しめじ（石づきを落として小房に分ける）…70g
C　水…1.5カップ
　　牛乳…1カップ
　　塩…小さじ1/4
パスタ（1.4mm・フェデリーニ）…140g
春菊の葉…60g
D　しょうゆ…大さじ1
　　こしょう…適量
ゆずの皮（すりおろす）…適量

バカのアホ炒め

スペイン語でバカは牛、アホはにんにく。だからこのネーミング。

バカみたいにかんたんにできるのに、アホみたいにおいしいレシピ。一度食べるとやみつきになる味で、ご飯にもパンにも合うんです。「あっという間にできて助かります」「肉を食べて元気になりたいときはコレ！」など、たくさんうれしい感想をもらったものです。葉っぱにご飯といっしょに巻いて食べると、いくらでも食べられます。

材料（2人分）

A
- にんにく（薄切り）…6かけ～
- サラダ油…大さじ1.5
- バター…20g

牛薄切り肉（しゃぶしゃぶ用）…200g

B
- しょうゆ…小さじ2
- 塩、こしょう…各少々

グリーンカールなど好みの葉野菜…適量

作り方

Aのにんにくを焦がさないように炒め、きつね色になったら引き上げる。次に牛肉を加えてさっと炒め、Bで調味する。器に盛ってにんにくを散らし、葉野菜で巻いて食べる。

グリーンカール、レタスなど、葉野菜と食べるのが最近のお気に入り。にんにくもたっぷり、ごはんをのせてもね。

にんにくはいい色になるまで加熱して、香りを油に移してね。

〔586kcal（1人分）／塩分量1.4g（1人分）〕

LEGEND #6

スペイン語の意味を知って「料理の名前にバカやアホを入れてみたい！」と、レシピよりも先に料理名を決めました。ちょっと刺激的だけど、家庭の食卓にクスッと笑いを持ち込みたかったの。結果的に、いちばん多くのかたに覚えてもらっている私の料理が、コレかもしれません。

アツアツのごま油を食卓でジャーッ！音の演出や香りで、料理を楽しみます。

これは50年前の独身時代、和田さんが東京・表参道にある行きつけの中華料理店「ふーみん」に「ねぎそばのそばをワンタンにしてくれないかな」ってリクエストして、特別に作ってもらったのが始まりという思い出の料理。うちの定番料理になっています。

材料（4人分）

ねぎ…1本（70g）
豚バラ肉…150g
A｜酒または紹興酒…大さじ1/2
　｜塩…小さじ1/3～
　｜こしょう…少々
ワンタンの皮…1袋（30枚）
B｜オイスターソース、
　｜　ごま油…各小さじ1
　｜水…4カップ
香菜（ざく切り）…適量
C｜しょうがのしぼり汁…少々
　｜しょうゆ…大さじ1
ごま油…大さじ2

作り方

1. ねぎは4～5cm 長さに切って縦に切り目を入れ、芯を除く。外側はせん切りにして冷水につけ、白髪ねぎにする。芯はみじん切りにする。豚肉はたたいてミンチ状にする。

2. ボウルに**1**のねぎのみじん切りと豚肉、**A**を入れてよくねり混ぜる。ワンタンの皮に等分にのせ、まわりに水をつけて空気を抜きながら三角形に折ってとじる。

3. なべに**B**を入れ、沸騰したら**2**をゆでる。湯をよくきって器に盛り、白髪ねぎと香菜をのせ、**C**を順にかける。小なべにごま油を十分に熱し、ジャーッとかける。好みでラー油、粗びき黒こしょうを振る。

［180kcal（1人分）／塩分量2.7g（1人分）］

LEGEND #7

和田さんのためだけに作ってもらっていた裏メニューだけど、いつしかオーダーする人が出てきて、気がつけば大人気の看板メニューになったんだそうです。「ふーみん」のレシピ本にもこのメニューの作り方が紹介されていますよ。

20分

ねぎワンタンジャー

ワンタンをゆでる湯に、ちょっと加えたオイスターソースが隠し味。

見た目は違っても口の中で帳尻が合えばいい。

「口に入れたらおなじみのあの味」という、私の大好きな〝食べればシリーズ〟。きっかけは、まだ幼稚園生だった息子が急に「コロッケが食べたい！」と言ったこと。丸めて揚げてる時間はないしどうしようかなって考えて「食べたときにコロッケの味がすればいい」とひらめいたのが40年前。このシリーズ、最新作の肉じゃがまで数十レシピ。気短の私にピッタリの料理です。

20分

食べればコロッケ

材料（4人分）

じゃがいも…4個（500g）
A｜塩、こしょう…各少々
　｜バター…20g
サラダ油…大さじ1
玉ねぎ（みじん切り）…1/2個（100g）
合いびき肉…200g
酒…大さじ1
B｜塩、こしょう、ナツメグ…各少々
キャベツ（せん切り）…4枚
コーンフレーク（プレーン）…1/2カップ
パセリ（みじん切り）、中濃ソース…各適量

作り方

1. じゃがいもは皮つきのまままよく洗い、水けをつけたまま1個ずつラップで包み、電子レンジで12分加熱する。途中上下を返す。熱いうちに皮をむき、ボウルに入れてフォークで粗くつぶし、Aを加えて混ぜる。

　厚手のペーパータオルを使うと、上手にむけます。

2. フライパンにサラダ油を熱し、玉ねぎを炒める。透き通ってきたら、ひき肉を加え、さらに炒める。酒を加え、ひき肉がパラパラになるまで炒め、Bを加えて味をととのえる。

3. 器にキャベツを広げて1、2の順に盛り、コーンフレークを砕きながら、パセリとともにかける。食べるときに中濃ソースをかける。

［334kcal（1人分）／塩分量0.8g（1人分）］

10分

食べればつゆだく肉じゃが

LEGEND #8

揚げる、煮込む、巻くといった時間がかかる調理プロセスを省くと、定番料理を作るのがラクになります。食べればシリーズが多くのかたに支持されたことは、「みんなも私と同じで気短」の証明だと思っています（笑）。

かつおだしのきいた上品な味が10分でできます。

［438kcal（1人分）／塩分量2.8g（1人分）］

材料（2〜3人分）

じゃがいも…3個（400g）
かつおだし（濃いめにとる）
…2カップ
A 豚バラ薄切り肉
（しゃぶしゃぶ用、
大きければ食べやすく切る）
…100g
玉ねぎ（薄切り）
…1/2個（100g）
B 砂糖、しょうゆ、酒
…各大さじ2
グリーンピース（冷凍）…適量
水どきかたくり粉（水、かたくり粉）
…各適量

作り方

1 じゃがいもは皮つきのままよく洗い、水けをつけたまま1個ずつラップで包み、電子レンジで8分加熱する。途中、上下を返す。

2 なべにだしをひと煮立ちさせてAを入れ、沸いたらアクをとる。Bを加え、玉ねぎがやわらかくなるまで煮る。グリーンピースを加え、水どきかたくり粉を少しずつ加えてとろみをつける。

3 1の皮をむき、木べらなどでくずして器に盛り、2をかける。好みでゆずの皮をのせる。

memo

じゃがいもは包丁を使わず木べらでくずすことで、断面から汁がしみ込みやすくなります。

コーンフレークをのせてサクサク食感。
ヘルシーコロッケ完成よ。

材料（4人分）

- A 豚肩ロース肉（包丁でたたいてひき肉にする）…300g
  - かたくり粉…大さじ1.5
  - トマトケチャップ…大さじ1
  - オイスターソース…小さじ2
  - 塩…小さじ1/2
  - ナツメグ…小さじ1/8
  - こしょう…少々
- B にんにく（たたいてつぶす）…2かけ
  - オリーブオイル…大さじ2
- キャベツ（ざく切り）…500g
- C 玉ねぎ（くし形切り）…1個
  - ベーコン（3cm幅に切る）…50g（4枚）
  - ミニトマト…12個
- D ローリエ…1枚
  - 鶏ガラスープ…1.5カップ
  - オイスターソース…小さじ1
  - 塩小さじ…1/4

作り方

1. ボウルにAを入れ、粘りが出るまで混ぜ、8等分にする。
2. なべにBを入れて炒め、香りが立ったらキャベツとCの各半量を広げて入れる。その上に1をスプーンで並べ入れ、さらに残りのキャベツ、Cを広げてのせる。
3. Dを加えて落としぶたをし、20分ほど蒸し煮にする。器に盛り、好みで粉チーズをかけて食べる。

食べればロールキャベツ

下ゆで不要、巻かずに手軽。時短でごちそう完成で〜す。

20分

食べればにら餃子《ギョーザ》

包んでないのに見た目は餃子。パリパリに焼けた皮が香ばしい。

材料（4人分）

A
- にら（みじん切り）…1/2束（50g）
- 豚ひき肉…100g
- むきえび（たたいてみじん切り）…50g
- だしパックの中身（市販品）…1/2袋分（4g）

サラダ油…大さじ1
餃子の皮（大判で薄いもの）…18枚
小麦粉…小さじ4
水…1/3カップ
ごま油…大さじ1
白髪ねぎ、香菜…各適量
たれ（ポン酢しょうゆ、ラー油）…各適量

＊小麦粉は、具と皮がはがれないようにするためののりの役目ね。

［294kcal（1人分）／塩分量1.5g（1人分）］

作り方

1 ボウルにAを合わせ、よくねり混ぜる。

2 直径24cmのフライパンにサラダ油を塗り広げ、餃子の皮9枚をずらして円状に並べる。小麦粉小さじ2をまんべんなく振り、1を均一に広げて小麦粉小さじ2をさらに振る。残りの皮を同様にずらしてのせる。

中心をしっかりと埋めるように並べてね。

3 水をなべ肌から注ぎ入れ、ふたをして強火にかける。フライパンがあたたまったら中火にして5分焼き、弱火にしてさらに3分焼いて上下を返す。

4 なべ肌からごま油を回し入れ、中火にして、ふたをせずに焼き色がつくまで5分焼く。器に盛って白髪ねぎをのせ、香菜を飾る。たれをつけて食べる。

memo はさみでケーキのように切り分けて、たれをつけて食べてね。

［381kcal（1人分）／塩分量2.2g（1人分）］

野菜は「だし」「下味」「切り方」でおいしくなる！

「なかなか味が決まらなくて、調味料を足しているうちに、ヘンな味になっちゃう！」

　そんな悩みを聞くことがあります。

　調味料と格闘しなくても、味のベースさえしっかり作れたら、料理は半分以上できたも同然。ポイントとなるのは「だし」と「下味」です。

「だし」と聞くと、面倒に感じるかたもいるかもしれません。そんなかたは、だしパックを使っても大丈夫。時間がないときは、私はだしパックと具材をいっしょに入れて煮物を作ります。煮込みながら風味をつけると、あとから加える調味料がすっと入るんです。お肉やお魚もだしのかわりをしてくれるので、野菜といっしょに煮込めば、だしパックも不要です。

「下味」は、肉や魚につけておきます。たとえば炒めものをするとき、下味をつけておけば、仕上げの調味料は最小限でオッケー。時短にもなるし、減塩にもなるし、野菜といっしょに炒めるなら、野菜のシャキシャキ食感が残ります。いいことばっかりでしょ。

　あと、食材の切り方も大切です。食感を生かしたいなら、繊維に沿って切る。やわらかくしたいなら、繊維を断つように切る。さっと味をからめるときは、薄く切る。じっくり味をしみ込ませたいなら、厚く切る。野菜の切り方をちょっと意識するだけで、味わいが変わってきますよ。

　な～んて言ってしまったけど、私は時短と自由を優先しちゃうから、家では細かいことを気にしていません（笑）。家庭料理は、いつも楽しく、大きな心で向き合いたいですからね。

2章

野菜がおいしく食べられるおかず

私ね、昔から家族に
「葉っぱ、葉っぱ！
葉っぱ食べなさいよー」って
ハッパをかけているの。
野菜を肉の3倍食べていれば、
元気で健康でいられると思っています。
この章では、炒めもの、
煮もの、なべものなど、
その野菜のおいしさを、
余すことなく
存分に引き出せる料理を考えました。
わが家での定番や、
過去に発表して
人気だったものをご紹介します。

野菜の中で真っ赤なトマトがいちばん好き

野菜の中でいちばん好きなものをあげるとしたら、断然トマトなの。初めて自分で作った料理はトマト料理。小学生のとき、家庭菜園のトマトをもいできてね、うどんとベーコンといっしょに炒めて〝トマトうどん〟を作ったの。おいしかったわよ〜。

「ト〜マト、トマト、トマト、赤く酸っぱい太陽がいっぱい♪ふさふさと実り〜ふるさとは緑〜青空に背のび〜生きる喜び〜♪」って、トマト好きの私に夫が曲を作ってくれたの。

材料（3人分）

トマト…小3個（350g）

A
- きゅうり（1cm角に切る）…1/2本（40g）
- カッテージチーズ…80g
- アンチョビ（みじん切り）…4枚（10g）
- バジルの葉（みじん切り）…大4枚
- 塩…ひとつまみ
- 粗びき黒こしょう…少々
- オリーブオイル…大さじ1

作り方

1 トマトはへたから1/5を切り、スプーンで中身をくりぬく。

まずは包丁で「井」の字に切り込みを入れると、きれいにくりぬけます。

2 1でくりぬいたトマトの身（種と汁は除く）とAを混ぜ合わせる。

3 1のトマトに2を入れてへたを添え、よく冷やして十文字に切って食べる。

トマトまるごとサラダ

まろやかなチーズがトマトにマッチ。
きゅうりの食感がアクセントに。

〔96kcal（1人分）／塩分量0.9g（1人分）〕

25分

トマトの肉じゃが

ご飯にもパンにも合う
イタリアンテイストの肉じゃがです。

材料（4人分）

サラダ油…大さじ2

A
- にんにく（薄切り）…2かけ
- 玉ねぎ（薄切り）…150g
- 牛肩ロース薄切り肉（ひと口大に切る）…200g
- じゃがいも（ひと口大に切る）…300g

トマト（皮を湯むきして6〜8等分に切る）…1.5個（300g）

B
- 酒…大さじ3
- しょうゆ、みりん…各大さじ2

あさつき（小口切り）…適量

作り方

1. フライパンにサラダ油を熱し、Aを順にしっかり炒める。
2. 玉ねぎがしんなりしたらトマトとBを入れ、ふたをして20分煮る。汁けの多いときはふたをとり、軽く煮詰める。
3. 器に盛り、あさつきを散らす。

レミパンみたいな深めのフライパンを使うのもおすすめ。

［344kcal（1人分）／塩分量1.4g（1人分）］

10分

アボタマトマト

アボカドのコクとトマトのうまみを
卵が上手にまとめてくれる。

材料（4人分）

A　卵…3個
　　塩…少々
バター…20g
アボカド
（皮と種を除き、ひと口大に切る）
…1個（200g）
トマト（ひと口大に切る）…1個（120g）
薄口しょうゆ…小さじ1
水どきかたくり粉
（水…小さじ2、かたくり粉…小さじ1）

作り方

1 ボウルにAを合わせ、よく混ぜる。

2 フライパンにバターを熱し、アボカドとトマトを炒める。

3 トマトがくたっとしてきたら薄口しょうゆを回し入れ、水どきかたくり粉を加えてさっと混ぜる。1を流し入れ、卵が半熟になったらでき上がり。

memo 子ども用にはトマトケチャップ、大人用にはチリソースをかけて食べてもおいしい。

［197kcal（1人分）／塩分量0.6g（1人分）］

20分

ツナの大地に
ブロッコリーの木がはえた！

ブロッコリーステーキ

［360kcal（1人分）／塩分量0.7g（1人分）］

材料（1人分）

【ツナソース】

A
- オリーブオイル…大さじ3
- にんにく（みじん切り）…大さじ1
- 赤とうがらし（種をとって半分に切る）…1/2本

B
- ツナ缶（油ごと）…小1缶（70g）
- 粉チーズ…大さじ1
- こしょう…適量

ブロッコリー（縦半分に切り、茎の皮をむく）…1/2株
バター…10g

作り方

1. ツナソースを作る。フライパンでAを炒め、にんにくが色づいたらBを加えてさらに炒めて完成。
2. ブロッコリーは塩ゆでにして湯をきる。
3. 別のフライパンにバターを熱し、2の断面を下にして焼きつける。
4. 断面を上にして器に盛り、茎の下に1を広げる。

memo
お好みでちょうちょのにんじんを飾ってね。
ツナソースをつけてどうぞ。

50分

にんじんのまるごと蒸し

材料（2人分）

にんじん…2本

A｜オリーブオイル…大さじ1
　｜ハーブソルト…小さじ1/2
　｜水…1カップ

【くるみソース】

くるみ（細かく刻んでからいりする）…70g
牛乳…大さじ4～5
マヨネーズ…大さじ2
オリーブオイル…大さじ1
ハーブソルト…小さじ1/2～1
こしょう…少々
クミンパウダー…小さじ1～1.5

バター…20g
イタリアンパセリの葉…適量

作り方

1. なべににんじん、Aを入れてふたをし、弱火にかけて30～40分蒸し煮にする。途中上下を返し、水が足りなくなったら足す。
2. くるみソースを作る。フードプロセッサーに材料をすべて入れ、なめらかになるまで攪拌して完成。ソースがかたいときは牛乳（分量外）でのばす。
3. フライパンにバターを熱し、1をこんがり焼き色がつくまで転がしながらソテーする。
4. 器に並べて盛り、イタリアンパセリを葉に見立てて飾り、2をかける。好みで粗びき黒こしょうを振る。

memo

くるみソースは冷蔵庫で2～3日間保存できます。余ったら温野菜やお肉のソースとして使って。

まるごと蒸してから
じっくりソテー。
皮と身の間の栄養も
逃しません！

［589kcal（1人分）／塩分量2.9g（1人分）］

おなじみのメニューに野菜をプラスすると新しい味わいに出合える

蒸されたキャベツが甘くてやわらか。豚肉とえびも入って、あっという間に完食よ。

料理はいつだって自由。こうしなくちゃダメ、ああしなくちゃいけない、なんていう決まりはありません。定番の家庭料理も、同じ食材を同じ配合で作ってばかりよりも、ときには変化を楽しんでみませんか? 特に野菜はいつもの食材をちょっとかえるだけで、歯ごたえや味に変化が出て、マンネリ化にサヨナラできます。キャベツを主役に焼売を作ってみたり、グラタンをねぎたっぷりにしてみたり。新しい味わいに出合えるうえ、栄養たっぷりでヘルシーになれるなんて、うれしいわよね。

25分

キャベツのふわふわ焼売《シューマイ》

材料（2人分）

A
- キャベツ（粗みじんに切る）…150g
- むきえび（粗みじんに切る）…正味100g
- 豚薄切り肉（粗みじんに切る）…100g
- ねぎ（みじん切り）…50g
- にんにく（みじん切り）…小さじ1
- しょうが（みじん切り）…小さじ1/2
- かたくり粉…大さじ1
- しょうゆ、ごま油…各小さじ2
- 酒…小さじ1

焼売の皮…20～25枚

【たれ】
- ポン酢しょうゆ…大さじ1
- レモンのしぼり汁…小さじ1/4～
- ごま油…小さじ1/4

作り方

1. ボウルにAを入れ、手でしっかりと混ぜて肉だねを作る。
2. 焼売の皮に肉だねを等分にのせ、ふわっと握って円筒状に包む。
3. 蒸気の上がった蒸し器に並べ、8～12分蒸す。器に盛って、たれの材料を合わせて添える。好みで和がらしを添える。

memo たねにしっかり味がついているから、たれなしで和がらしだけつけて食べてもおいしいわよ。

〔317kcal（1人分）／塩分量1.6g（1人分）〕

さやいんげんのつくね焼き

20分

材料（2人分・4個）

A
- 鶏ひき肉（もも）…300g
- 卵…1/2個
- 酒…大さじ1/2
- 塩、こしょう…各少々

さやいんげん…12本

サラダ油…大さじ1/2

B
- しょうゆ、みりん、酒…各大さじ2
- 砂糖…大さじ1

作り方

1. ボウルにAを入れ、粘りが出るまで混ぜて肉だねを作り、4等分する。
2. いんげんを3本束ね、まわりに肉だねをつけて棒状に成形する。残りも同様にする。
3. フライパンにサラダ油を熱し、2を焼く。焼き色がついたら上下を返し、ふたをして弱火で3～4分蒸し焼きにする。
4. 合わせたBを加え、軽くとろみがつくまで煮詰めながらからめる。

memo さやいんげんは下ゆでなし。
お肉といっしょに蒸し焼きにして火を通せばOKよ。

見た目も楽しいから野菜嫌いな子も食べてくれるかも。

［447kcal（1人分）／塩分量3.2g（1人分）］

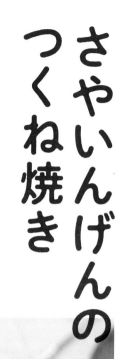

15分

春菊入り春巻き

春菊はおなべだけじゃもったいない！
春巻きの具にして香りを楽しんで。

［416kcal（1人分）／塩分量2.9g（1人分）］

材料（2人分・6個）

A
- 春菊の葉（1cm長さに切る）…60g
- はんぺん…100g
- 豚ひき肉…60g
- オイスターソース…小さじ1/2

春巻きの皮…6枚
水どき小麦粉（水、小麦粉）…各適量
揚げ油…適量

B
- 酢、しょうゆ、和がらし…各適量

作り方

1. ボウルにAを入れ、はんぺんごとよくもんで混ぜる。
2. 春巻きの皮に1を1/6量ずつのせて巻く。巻き終わりに水どき小麦粉をつけてとめる。
3. フライパンに揚げ油を熱し、2を入れて全体がきつね色になるまで揚げる。器に盛り、好みの葉野菜を添える。好みの割合で合わせたBをつけて食べる。

火が強いと皮だけ焦げちゃうから中温（170度）で揚げてね。

＼余った春巻きの皮でおやつもできちゃう／

しゃぶしゃぶ5秒きなこもち

きな粉、同量の砂糖、塩少々を混ぜる。春巻きの皮を半分に切って、熱湯にさっとくぐらせたら軽く湯をきり、混ぜたきな粉をすぐにまぶす。

しめじと鮭のさわやかソテー

しめじのうまみがとけ出した、レモン風味の濃厚ソース。

材料(2人分)

生鮭…2切れ(240g)

A | ハーブソルト…小さじ1/2
  | こしょう…少々

小麦粉…大さじ1

バター…30g

しめじ(石づきを除き、
大きめの房に分ける)
…1パック(正味150g)

B | レモン(薄い輪切り)…6枚
  | ドライタイム…少々

C | 生クリーム…3/4カップ
  | 薄口しょうゆ…小さじ2

作り方

1 鮭はAで下味をつけ、小麦粉をまぶす。

2 フライパンにバターを熱し、鮭を焼く。焼き色がついたら返し、しめじ、Bを加え、ふたをして2分ほど蒸し焼きにする。

3 全体に火が通ったらCを加えてさっと煮からめる。

4 器に盛って、好みでパセリのみじん切りを散らす。

memo

残ったソースはパンにつけて食べちゃってね❤

〔630kcal(1人分)/塩分量2.1g(1人分)〕

25分

ねぎグラタン

材料(2人分)

ねぎ…150g
バター…30g
鶏もも肉(そぎ切りにして
　塩少々を振る)…100g
小麦粉…大さじ2
牛乳…1.5カップ
A｜オイスターソース
　｜　…小さじ1/2
　｜塩…少々
ピザ用チーズ
　…ひとつかみ

作り方

1 ねぎは繊維を断ち切るように1mm 間隔に浅く切り目を入れ、4cm 長さに切る。

2 フライパンにバターを熱し、鶏肉を炒める。色が変わったら 1 を加え、しんなりするまで炒める。

3 小麦粉を振り入れてしっかりと炒め、牛乳を少しずつ加えて混ぜ、とろみをつける。なべ底にへらで線が描ける程度にとろみがついたら、A で調味する。

ホワイトソースを別に作らなくてもできちゃうから簡単でしょ。

4 耐熱皿に入れてチーズを広げてのせ、オーブントースターでチーズがきつね色になるまで焼く。

ねぎが苦手な夫も
「このトロトロがうまい！」と
喜んで食べてくれた一品。

[436kcal(1人分)/塩分量1.2g(1人分)]

20分

ポパイ水餃子《ギョーザ》

餃子なのに
つけだれはソースとマヨ！

材料（4人分）

A | サラダほうれんそう（みじん切り）…70g
ピザ用チーズ（刻む）…40g
木綿豆腐…100g

水餃子の皮…24枚

B | ソース、マヨネーズ…各適量

作り方

1 ボウルにAを入れてよくねり混ぜ、水餃子の皮で好みの形に包む。

普通のほうれんそうを使う場合はゆでてから水にとり、ギュッとしぼって刻んでね。

2 なべにたっぷりの湯を沸かし、1を入れてゆでる。浮き上がってきたらとり出し、湯をよくきって器に盛る。Bをかけて食べる。

memo 酢じょうゆやポン酢しょうゆ、ラー油をつけて食べてもおいしいわよ。

〔238kcal（1人分）／塩分量0.9g（1人分）〕

水菜のお袋煮

2人で水菜1束
ペロリと食べられちゃう！

［392kcal（1人分）／塩分量3.2g（1人分）］

材料（2人分）

水菜（みじん切り）…100g
水菜（5cm長さに切る）…100g
A | 鶏ひき肉（もも）…150g
　しいたけ（みじん切り）…2枚
　塩…小さじ1/4
　ゆずこしょう…小さじ1/4〜
油揚げ（油抜きして半分に切る）…3枚
B | だし…2カップ
　しょうゆ…大さじ1.5
　みりん…大さじ1
　砂糖…小さじ1

作り方

1 ボウルに水菜のみじん切りとAを混ぜて、肉だねを作る。

2 油揚げの切り口を開いて袋状にし、肉だねを1/6量ずつ詰め、つまようじでとめる。

3 なべにBを沸かして2を入れ、落としぶたをして弱火で7〜8分煮る。煮上がる30秒前に残りの水菜を加え、さっと火を通す。

memo
巾着が重ならずに並べられるなべを選んでね。

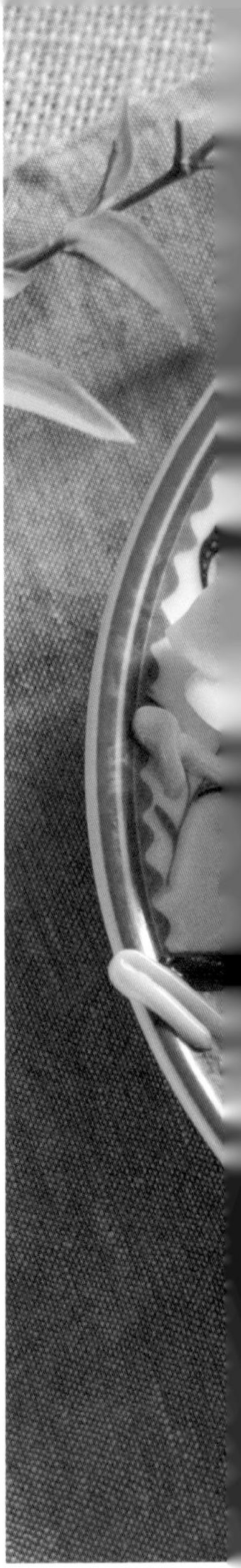

炒めものにはたんぱく質を入れて油で仲よくさせます

炒めものは、油を使って食材同士を仲よくさせちゃう料理。おいしく仕上げるには、手早く作るのがポイントです。フライパンに油を熱してあつ〜くなったところに材料を入れ、ザーッと炒めます。合わせ調味料をジャッと入れて全体に味をからめたら、ハイ完成！　食材の組み合わせは自由だけれど、肉や魚、卵などのたんぱく質は入れたいところ。ブロッコリーやカリフラワーは野菜なのにたんぱく質が豊富でエラいわよね。最近は私も積極的に食べるようにしています。

エリンギのエスニックペペ

あさりのエキスをたっぷり吸ったエリンギは、
ま〜るでほたてみたい!?

〔83kcal（1人分）／塩分量1.3g（1人分）〕

材料（2人分）

マヨネーズ…大さじ1
A｜にんにく（薄切り）…1かけ
　｜赤とうがらし（小口切り）…少々
エリンギ（1.5cm厚さの輪切りにし、片面に格子状の切り目を入れる）…150g
あさり（殻つき・砂出しずみ）…1パック（200g）
酒…小さじ2
ナンプラー…少々
B｜香菜、レモン（くし形切り）…各適量

作り方

1. フライパンにマヨネーズを熱し、Aを炒める。香りが立ったら、エリンギ、あさりを順に加えてさっと炒める。
2. 酒を振り入れ、ふたをして蒸す。あさりの口があいたらナンプラーを加える。
3. 器に盛り、Bを添える。

あさりから出る塩けがあるから、ちょっとでOKよ。

15分

ピーマン入り回鍋肉《ホイコーロー》

材料（2人分）

ごま油…大さじ1

A
- 豚バラ肉（焼き肉用）…100g
- ねぎ（斜め薄切り）…1/2本
- ピーマン（細めの乱切り）…2個
- キャベツ（ざく切り）…150g

B
- みそ…大さじ1/2
- 砂糖、酒…各小さじ1
- オイスターソース、しょうゆ…各小さじ1/2
- 豆板醤…少々

作り方

フライパンにごま油を熱し、Aを順に炒める。合わせたBを加え、よくからめる。

memo

調味料は混ぜておいて、最後にからめるくらいにすると水っぽくなりません。

豚バラのコクとキャベツの甘みでご飯がすすみます。

〔303kcal（1人分）／塩分量1.1g（1人分）〕

12分

なすの甘うま炒め

じっくり炒めたなすが絶品。濃厚な味でご飯がすすむ！

〔371kcal（1人分）／塩分量1.2g（1人分）〕

材料（2人分）

なす（ひと口大の乱切り）
…3本（230g）
かたくり粉…適量
ごま油…大さじ3
A　しょうが（みじん切り）
　…小さじ1/2～
　にんにく（みじん切り）
　…小さじ1/2～

豚肩ロース薄切り肉
（ひと口大に切る）…100g
B　砂糖…大さじ1
　しょうゆ、酒…各小さじ2
　コチュジャン…小さじ1
あさつき（小口切り）…適量

作り方

1 なすにかたくり粉をまぶす。

2 フライパンにごま油を熱し、Aを炒める。香りが立ったら1を加えて炒め、表面がくたっとしたら豚肉を加えてさらに炒め、Bを加えて味をととのえる。

あまり動かさないでじっくりと。

3 器に盛り、あさつきを散らす。

10分

いんげんとえびのみそバター炒め

材料(2人分)

えび(殻つき)…100g
白ワイン…大さじ1
バター…大さじ1
にんにく(みじん切り)…小さじ1
さやいんげん(3等分に切る)…100g
厚揚げ(横半分に切ってから1cm厚さに切る)…1/2枚(150g)
A｜薄口しょうゆ、白みそ…各大さじ1/2
塩、粗びき黒こしょう…各少々

作り方

1. えびは殻と背わたをとって、塩、かたくり粉各少々（分量外）でもんで汚れを落とし、水洗いする。えびをボウルの底などで平たくなるまでつぶし、1cm長さに切ってワインを振る。

えびにラップをかぶせると汚れないわよ。

2. フライパンにバターを熱し、にんにく、いんげんをさっと炒め、ふたをして火が通るまで弱火で蒸し焼きにする。

3. 1のえび、厚揚げを加え、火が通るまで炒める。合わせたAを加えてよくからめ、塩、こしょうで味をととのえる。

memo

バターって作りたての風味がいちばんいいの。あたたかいうちに食べてね。

魅惑のにんにくみそバター風味が、
いんげんの甘みを引き立ててくれる。

[230kcal(1人分)/塩分量1.3g(1人分)]

10分

ブロッコリーとたこのペペロンチーノ

植物性たんぱく質が豊富な ブロッコリーをたっぷり食べて！

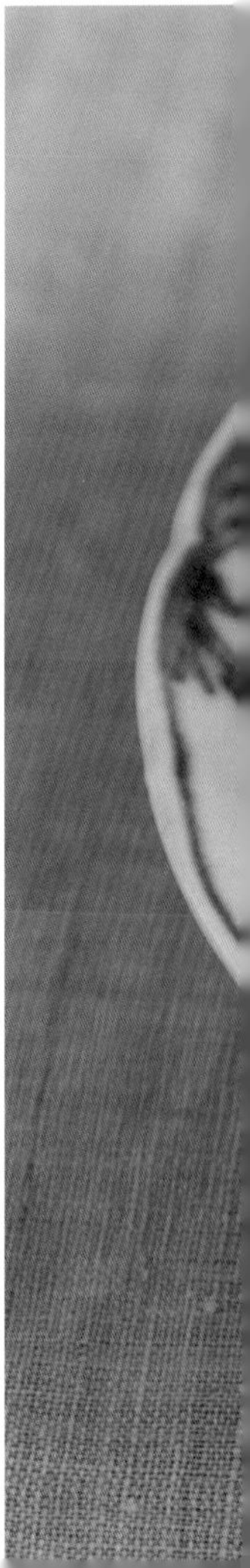

材料(2人分)

ブロッコリー(小房に分ける)…1株(200g)

A
- オリーブオイル…大さじ1
- にんにく(みじん切り)…小さじ1
- 赤とうがらし(種をとる)…1本

ゆでだこ(ひと口大に切る)…100g

塩麹…小さじ2

作り方

1. 深めのフライパンに湯を沸かして塩少々(分量外)を入れ、ブロッコリーを2分ほどゆで、ざるにあげる。
2. 同じフライパンにAを入れて弱火で熱し、にんにくの香りが立ったら1とたこを加え、中火にしてさっと炒める。塩麹で味つけしたらでき上がり。

なければ塩でもOK。塩分量が違うので味をみながら入れてね。

［151kcal(1人分)／塩分量1.2g(1人分)］

15分

れんこん豚の塩麹炒め

シャキッと炒めたれんこんと、
塩麹でふわっとなった豚肉がよく合うの。

材料(2人分)

A｜豚肩ロース薄切り肉（ひと口大に切る）…150g
　｜塩麹…小さじ1
サラダ油…大さじ1
れんこん（5mm厚さの半月切り）…150g
ピーマン（乱切り）…1個
塩…少々
B｜塩麹…小さじ1
　｜こしょう…少々

作り方

1 ボウルにAを合わせてよくもみ込み、30分ほどおく。

下味をしっかりつけるために30分は必ずつけてね。

2 フライパンにサラダ油を熱してれんこん、ピーマンを入れ、塩を振ってしっかり炒める。1を加えてさらに炒めて、Bを加え、調味する。

memo 塩麹に肉をつけるとふわっとなるのよ。

［306kcal（1人分）／塩分量1.1g（1人分）］

豆苗としらすの卵炒め

人気の豆苗を使ったラクうま副菜よ。「あと1品！」に便利でしょ。

材料（2人分）

ごま油…大さじ1
豆苗（根を切り落とし4cm長さに切る）…100g
しらす干し…大さじ2
ナンプラー…小さじ1/2
とき卵…2個分

作り方

フライパンにごま油を熱し、豆苗を炒める。しんなりしたら、しらす干し、ナンプラーを加えて混ぜ、卵を回し入れてざっと混ぜる。

卵は炒めすぎるとボロボロに。混ぜたらすぐに火を止めてね。

［159kcal（1人分）／塩分量0.9g（1人分）］

20分

ししとうの酢豚

肉は豚こまを使うから手軽。しかも揚げずにヘルシー。

［461kcal（1人分）／塩分量2.9g（1人分）］

材料（2人分）

A
- 酒…小さじ1
- しょうゆ…小さじ1/2
- 塩、こしょう…各少々

かたくり粉…少々
サラダ油…大さじ2
ししとうがらし（縦に切り目を入れる）…80g
豚こまぎれ肉…200g
玉ねぎ（くし形切り）…1個（200g）

B
- 酢、砂糖、トマトケチャップ、水…各大さじ3
- かたくり粉…小さじ2
- しょうゆ…小さじ1
- 豆板醤…小さじ1/2〜
- 塩…小さじ1/4

ごま油…小さじ1

作り方

1. 豚肉はAで下味をつけ、12等分にし、手でぎゅっと握って丸め、まわりにかたくり粉を薄くまぶす。
2. 耐熱皿に並べ、ラップをして電子レンジで2分チンする。
3. フライパンにサラダ油を熱し、ししとう、玉ねぎを炒める。2、合わせたBを加えて弱火にし、ひと煮立ちさせてとろみが出たら、ごま油を回しかける。

団子状になるようにギュッと握って。

memo

酢豚はピーマンを使うことが多いけれど、ししとうなら包丁いらずでラクちん。

家族を野菜好きにするのもコツがあります。

うちの家族は、みんな野菜がだーい好き。

息子たちも、お嫁さんたちも、孫たちも、みんな野菜をよく食べます。

でも、息子たちはもともと野菜が好きだったわけではありません。小さいころは、しっかり好き嫌いがありました。そこを上手に「洗脳」していったわけです。

子どもが野菜を残すと、「残しちゃダメ！ちゃんと食べなさい！」って言うのが普通かもしれません。でも、叱ると子どもはイヤな気持ちになりますよね。食卓でイヤな気持ちにさせたら、野菜だけじゃなくて、お母さんのことも、食べることも嫌いになってしまうと思うんです。だから、決して叱るようなことはしませんでした。

そのかわりに、野菜を小さく切ったり、すりおろしたりしてみて、野菜の存在をできるだけ小さくしてあげました。それで、もし食べられたら「すっごいねー、こんなに食べられたじゃない」と褒めまくる。そうすると、息子たちも気分がよくなって、「こんなの全然だいじょうぶだよ」って、次回も強がって食べるようになるんです。

食卓では、イヤな気持ちは禁止です。いつも、楽しい！おいしい！って気持ちを忘れないようにするのが大事ですね。

ちなみに息子のお嫁さんたちは、私が何も言わなくても、野菜をたっぷり食卓に出しています。いまの若い女性は美容と健康に敏感ですからね。ほんとに心強い！次男のお嫁さんは、この前「牛トマ」（11ページ参照）になすを加えてアレンジしていましたよ。実家伝来のレシピに、野菜が加わって進化していくのって、なんだかうれしいですね。

みんなが集まる日も
ひとりの日も
なべで野菜をたっぷりと

にらの
担々なべ

野菜不足を感じたら、とにかくなべに限ります。野菜を煮るとかさが減り、驚くほどたっぷり食べられるはず。ポン酢でシンプルにやるのもいいし、暑い夏は辛い味つけにして、カプサイシンの力でバテぎみの体にパワーチャージ！　シメにはご飯やうどん、ライスペーパーにスープのうまみを吸わせて食べるのも醍醐味ね。

作り方

1. なべにごま油を弱火で熱し、ねぎをじっくり10分ほど炒めて甘みを出す。Aを加え、さらに炒める。
2. 鶏ガラスープ、鶏肉を加えて、沸騰したらアクをとる。鶏肉がやわらかく煮えたらBを加える。しいたけも加えて軽く煮て、にらをのせる。豆腐やもやしを加えても。好みでさらに豆板醤、ごま油をかけても。

memo

辛さは豆板醤の量で調節を。
ピーナッツバターは粒感のある
チャンクタイプの「SKIPPY」を使ってね。

［392㎉（1人分）／塩分量2.9g（1人分）］

12分

えのきたっぷりなべ

疲労回復効果のある
えのきと豚肉で、
体をぽかぽかに。

材料(2人分)

A
- かつおだし…4カップ
- みそ…大さじ1.5〜2
- 砂糖…大さじ1.5
- 豆板醤…小さじ1〜2

えのきだけ
(根元を切って食べやすくほぐす)
…1袋(200g)

B
- 豚バラ肉(しゃぶしゃぶ用)
…250g
- ねぎ
(約1cm厚さの斜め切り)
…2本

作り方

なべにAを入れて煮立て、えのきとBを加えて火を通す。好みで、ゆずこしょう、すり白ごま、ごま油を加えて食べる。

memo シメにうどんやお餅を入れるとおいしいわよ。

[605kcal(1人分)/塩分量4.0g(1人分)]

25分

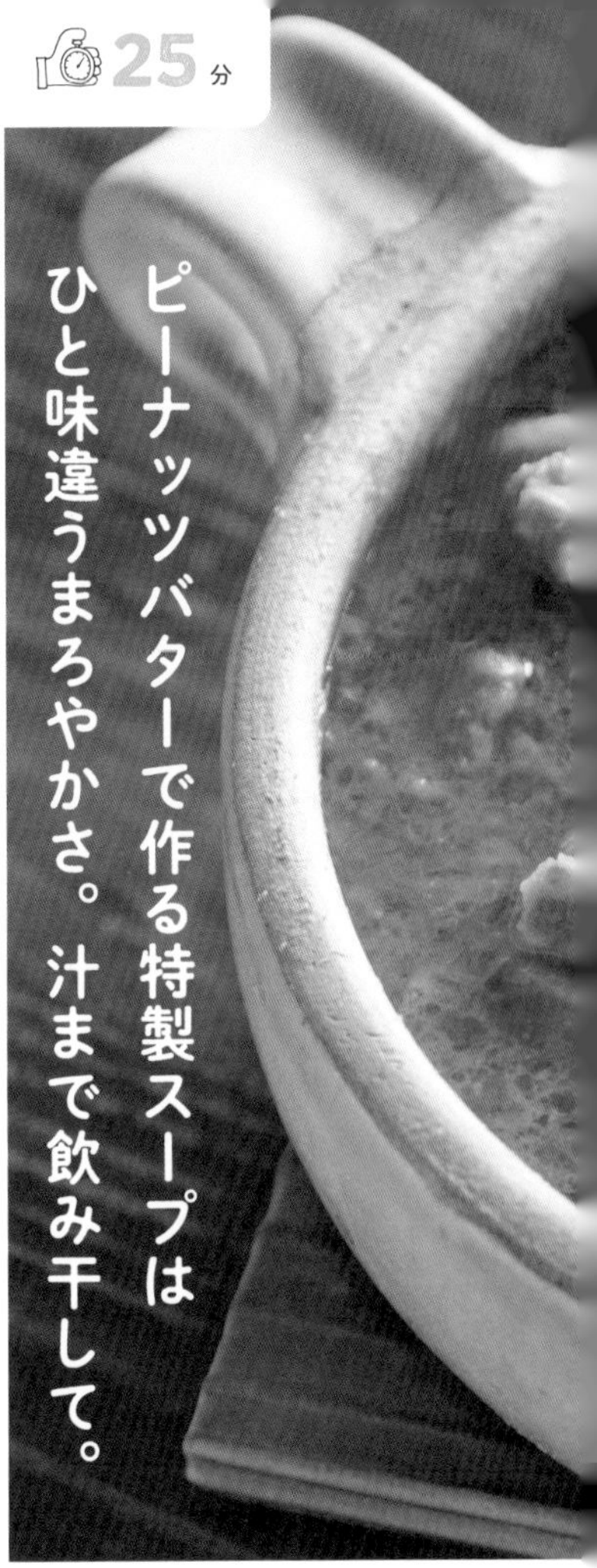

ピーナッツバターで作る特製スープは
ひと味違うまろやかさ。汁まで飲み干して。

材料(4人分)

ごま油…小さじ2
ねぎ(青い部分も使い、みじん切り)
…1本(100g)

A
- にんにく(たたいて細かくつぶす)
…大1かけ
- 豆板醤…小さじ1.5

鶏ガラスープ…5カップ
鶏もも肉(ひと口大に切る)
…大1枚(300g)

B
- ピーナッツバター
(チャンクタイプ)…大さじ5
- しょうゆ…大さじ2
- オイスターソース…小さじ1.5
- 塩…小さじ1/4

しいたけ(ひと口大に切る)…1パック
にら(6cm長さに切る)…1束(100g)

10分

残り野菜しゃぶしゃぶ

材料（4人分）

【ごまだれ】
- かつおだし…大さじ4
- ねり白ごま…大さじ3
- めんつゆ（3倍濃縮）…大さじ1.5
- 酢、ごま油…各小さじ2
- 砂糖…小さじ1
- ラー油…20滴

A
- かつおだし…3カップ
- 薄口しょうゆ…小さじ2

B
- ねぎ（斜め薄切り）…4本
- 春菊（ざく切り）…1束
- 豚バラ肉（しゃぶしゃぶ用）…400g

作り方

1 ごまだれの材料をよく混ぜて完成。

2 なべにAを入れて沸かす。弱火にしてBの具をくぐらせる。1をつけて食べる。

肉や野菜をそれぞれしゃぶしゃぶして、好みの野菜を巻いて食べて。野菜はピーラーでひらひらにした大根やにんじんもおすすめです。

memo

ごまだれが濃いときは、なべのスープで薄めてね。ねぎは浅いコップにきっちり詰めて盛りつけましょう。おっ立つわよ。

［567kcal（1人分）／塩分量1.6g（1人分）］

大根と豚肉のオイスター煮込み

25分

材料（4人分）

ごま油…小さじ2
豚バラ薄切り肉（3〜4cm幅に切る）
…200g
大根（5mm厚さの半月切り）…350g
A｜だし…2カップ
｜みりん、紹興酒または酒
｜…各大さじ1
｜オイスターソース…小さじ1
B｜しょうゆ、オイスターソース
｜…各小さじ1
絹さや（筋をとって塩ゆでにする）
…8枚

作り方

1 フライパンにごま油を入れて熱し、豚肉を炒める。色が変わったら大根を加え、さらに炒める。

2 全体に油が回ったらAを加え、ふたをして10分ほど煮る。Bを加えてさらに5分ほど煮る。煮汁が多めに残ったときは、ふたをとって軽く煮詰める。

3 器に盛り、絹さやを添える。

大根を薄めに切れば、
早く味がしみるでしょ。

〔254kcal（1人分）／塩分量0.7g（1人分）〕

おろしかぶのトロトロ煮

かぶはすりおろして加えるので
スープにとろみがつきます。

材料（4人分）

鶏手羽先…8本
塩、こしょう…各少々
サラダ油…小さじ1
水…2.5カップ
ローリエ…1枚
かぶ（皮つきのまますりおろす）
…小4個（280g）
牛乳…3/4カップ
A | 塩…小さじ1
カレー粉…小さじ1/2
こしょう…少々
ピザ用チーズ…40g
パセリ（粗みじんに切る）…少々

［168kcal（1人分）／塩分量1.9g（1人分）］

作り方

1 鶏肉は裏側の骨に沿って切り込みを入れ、全体に塩、こしょうを振る。

2 なべにサラダ油を熱し、鶏肉の両面を焼く。焼き色がついたら水を加え、沸騰したらアクをとってローリエを加え、ふたをして水が半量ほどになるまで煮る。

3 かぶ、牛乳を加えてAで調味する。チーズを散らしてとけたら器に盛り、パセリを散らす。

かぶと牛肉のうま辛煮

かぶのビタミンCは、コラーゲンの形成を助けます。
お肌にいいって最高ね。

材料(4人分)

牛もも薄切り肉…200g
A | みりん…大さじ1/2
 | しょうゆ…小さじ1/2
ごま油…小さじ2
かぶ(皮をむいて四つ割り)
…4個(350g)
ねぎ(斜め薄切り)…1本
B | だし…1カップ
 | 酒…大さじ2
 | 砂糖…小さじ2
C | コチュジャン…小さじ2
 | しょうゆ…小さじ1
かぶの葉(小口切り)
…適量
すり白ごま…適量

作り方

1. 牛肉はAをもみ込んで10分ほどおく。
2. なべにごま油を熱し、かぶ、1、ねぎの順に入れて炒め、Bを加えてふたをし、5分煮る。
3. Cとかぶの葉を加え、ふたをせずに5分煮る。器に盛り、ごまを振る。

葉っぱは食感と色を残したいから最後に加えてね。

〔192kcal(1人分)/塩分量0.6g(1人分)〕

ごぼうの糸こん煮

水にさらさず、
香り豊かなごぼうを味わってね。

材料（4人分）

A
- ごぼう（細めの乱切り）…100g
- 豚バラ薄切り肉（ひと口大に切る）…150g
- 糸こんにゃく（5cm長さに切る）…1袋（80g）
- 酒…1/2カップ

B
- しょうゆ…大さじ2
- 砂糖…大さじ1.5
- みりん…大さじ1
- 水…1/2カップ

さやいんげん（塩ゆでして半分に切る）…適量

作り方

1. なべにAを入れて熱し、水分をとばしながらいり煮にし、豚肉に火を通す。
2. 合わせたBを加えて弱火にし、ごぼうがやわらかくなるまでふたをして20分ほど煮る。
3. 器に盛り、いんげんを添える。

memo ごぼうはアク抜き不要。切ったらすぐに使ってOKよ。

［219kcal（1人分）／塩分量1.3g（1人分）］

40分

大根のうっトリ煮

材料（4人分）

大根（2.5cm厚さのいちょう切り）…500g
こんにゃく（ひと口大にちぎる）…1枚
かつおだし…1.5カップ
鶏もも肉（ひと口大に切る）…250g
A しょうゆ…大さじ1.5
　砂糖…大さじ1
　みりん、酒…各大さじ1/2
ゆずの皮…少々

作り方

1 なべにたっぷりの水を入れて大根を入れ、かためにゆでてとり出す。続けてこんにゃくを入れ、1分ほどゆでてざるにあげる。

2 別のなべにかつおだしを沸かし、大根とこんにゃく、鶏肉、Aを加える。落としぶたをして30分ほど煮る。

ときどき様子を見ながら混ぜて。

3 器に盛り、ゆずの皮をのせる。

ほったらかしで煮れば、鶏とかつおだしのうまみでうっとり味になるの。

［207kcal（1人分）／塩分量1.1g（1人分）］

3章

今日もありがとう！電子レンジ

文明の利器は、どんどんとり入れて
お世話になっちゃうのが私流。
特に電子レンジは、
野菜料理を作るのにとっても便利だから
積極的に活用しています。
根菜料理の下ごしらえに重宝するし、
ボタン１つで料理を完成させることも
できちゃうすぐれもの。
主菜、副菜、スープやふりかけまで、
たっぷりとお伝えしますね。

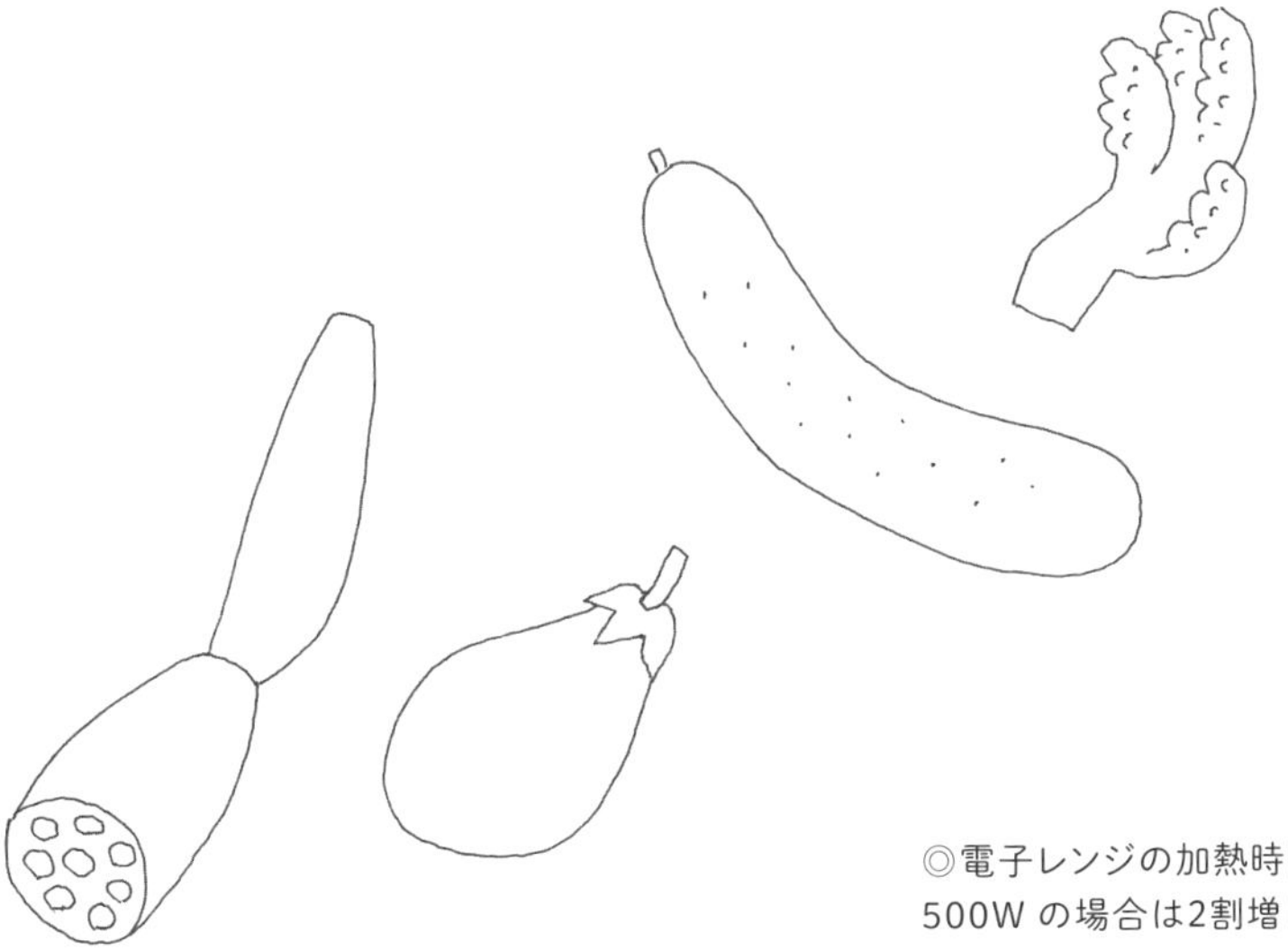

◎電子レンジの加熱時間は600Wの場合の目安です。
500Wの場合は2割増しにかげんしてください。

野菜の下ごしらえは電子レンジで

電子レンジは野菜の下処理をサポートしてくれる便利な道具です。火の通りにくいものはとりあえずチンして、味をしみやすくしておくのも手。特にかたい根菜類は、よーくお世話になっています。そしてチンする間に、調味料を準備したり、あと1品を作ったり、もちろんちょっと休んだり！　うれしい時短につながります。上手に〝手間抜き〞することで、時間を有効活用してくださいね。

きのこの丘

材料(2人分)

じゃがいも
（皮つきのまま2～3等分に切る）
…3個(400g)
A | バター…20g
| 塩…小さじ1/4
ブラウンマッシュルーム
…10～15個
B | ピザ用チーズ…30g
| ベーコン(みじん切り)…20g
パセリ(みじん切り)、こしょう
…各適量

作り方

1 じゃがいもは耐熱皿に並べてラップをし、電子レンジで8～10分チンする。皮をむいてつぶし、Aを混ぜる。

2 耐熱皿の上に1を山の形に盛り、表面をおおうようにマッシュルームを押しつける。Bを散らし、ラップをして電子レンジで5～6分チンする。パセリ、こしょうを振る。

memo ワインに合いますよ。

きのこの奥には
マッシュポテトがたっぷり！

〔338kcal（1人分）／塩分量1.4g（1人分）〕

にんにくのまるごと焼き

にんにくは、疲労回復効果のあるアリシンやビタミンB_1がたっぷり。すりおろすことで細胞がこわれ、体にいい成分がたくさん出てくるの。だから元気を出したいときは、すりおろして使うのもおすすめ。もちろん、まるごと食べれば、元気パワーを全部吸収できるわよ。

材料(2人分)

【アンチョビソース】

A
- オリーブオイル、生クリーム…各大さじ1
- アンチョビ(みじん切り)…小さじ2

にんにく(皮つきのまま先端部分を切り落とす)…1玉
オリーブオイル…大さじ1

作り方

1 アンチョビソースを作る。**A**をよく混ぜて完成。

2 にんにくは横半分に切って水でぬらしたペーパータオルでそれぞれ包む。さらにラップをして電子レンジで2分チンする。

3 フライパンにオリーブオイルを熱し、にんにくの切り口を下にして、焼き色がつくまで焼く。にんにくをフォークで刺して、**1**にたっぷりつけて食べる。

memo

にんにくは生のまま焼くと火が通る前に焦げるので、必ず電子レンジを使って。アンチョビソースはチンしたポテトやパンにつけても。

元気のもとのにんにくをおつまみに。
疲れもとんでいくわよ。

[191kcal(1人分)/塩分量0.8g(1人分)]

15分

ながーくのびる形は火の通りが早く食べやすい。

ぽよよーんポテト

〔147kcal（1人分）／塩分量0.6g（1人分）〕

材料（3人分）

じゃがいも（メークイン）
…3個（250g）

A | アンチョビ（たたく）…2枚（6g）
| マヨネーズ…大さじ2

ピザ用チーズ…適量

B | パセリ（みじん切り）、
パプリカパウダー
…各適量

作り方

1 じゃがいもは皮をよく洗い、皮つきのまま上下を少々切り落とし、一方の面に2mm 間隔で深く切り込みを入れる。上下を返して、もう一方の面は少し斜めにして同様に深く切り込みを入れる。水にさらし、切れ目にあるでんぷんを十分に落としたら、丸くつながるように両先端を楊枝でとめる。

下まで切り落とさないように！ 割り箸などでじゃがいもをはさんで切るとやりやすいです。

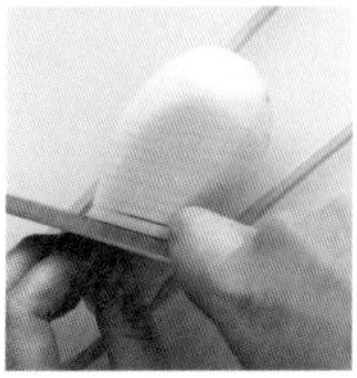

2 耐熱皿に並べてラップをし、電子レンジで4分チンする。ラップをはずし、A を混ぜてのせ、チーズを散らす。オーブントースターで焼き色がつくまで5分ほど焼く。

3 器に盛って B を振り、好みでクレソンを飾る。

memo 切れ目にあるでんぷん質でくっついてしまわないように、必ず水にさらしてね。

最高に楽チンな無点火レシピ

火を使わない料理のことを「無点火レシピ」と命名しました。電子レンジだけで料理が完成するものも「無点火レシピ」のひとつ。火を使わないから夏の暑い日の調理にもピッタリだし、なべもフライパンも使わないので洗いものが減ります。食卓に出す器でチンしちゃえば、もっとラク。器は耐熱のものを使ってくださいね。

ズッキーニのトン^{2}チン

調味料は全部小さじ1なので、覚えやすいでしょ。

作り方

1 ズッキーニはかたくり粉を薄くまぶす。豚肉はAをもみ込む。

2 ズッキーニに豚肉を少々ずらしながら巻きつけ、巻き終わりを下にして耐熱皿に並べる。ラップをして電子レンジで3分チンする。

3 ラップをいったんめくって、合わせたBを回しかけ、再びラップをして電子レンジで1分チンする。器に盛り、トマトを添える。

memo グリーンアスパラガスやきゅうりでも。
きゅうりだと水分が出るからかたくり粉は多めにまぶして。

07分

ふわふわ豆腐団子

材料を丸めたら、
一発チン！でふわふわ団子に。

材料（3人分）

玉ねぎ…1/2個（100g）
A ｜木綿豆腐…1/2丁（150g）
　｜鶏ひき肉…100g
　｜かたくり粉…大さじ1.5
　｜塩…小さじ1/3
　｜ゆずこしょう…少々
マヨネーズ、ポン酢しょうゆ
　…各適量

作り方

1. 玉ねぎはすりおろして水けをしっかりきる。
2. ボウルに**1**、**A**を入れてねり混ぜ、12等分にして丸く成形する。
3. 耐熱皿に**2**を並べ、ラップをして電子レンジで3分チンする。
4. 器に盛り、好みで万能ねぎを飾る。マヨネーズとポン酢しょうゆをつけて食べる。

［151kcal（1人分）／塩分量1.0g（1人分）］

10分

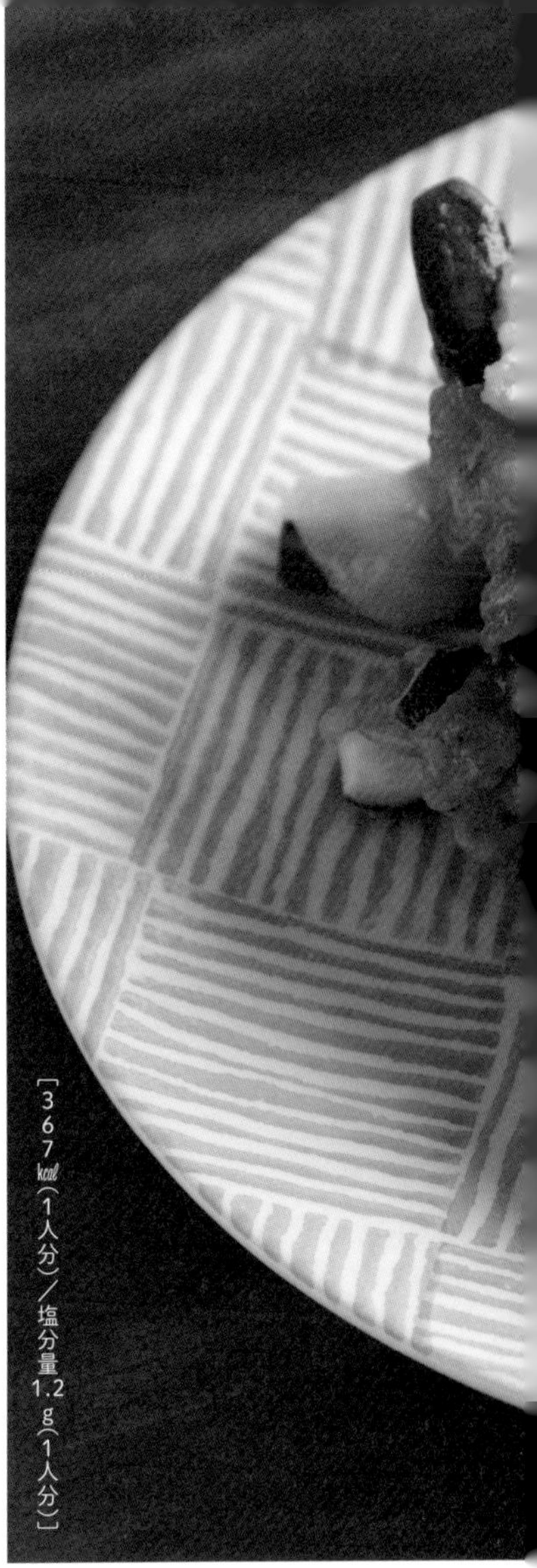

［367kcal（1人分）／塩分量1.2g（1人分）］

材料（2人分）

ズッキーニ（縦6等分に切る）…1本（140g）
かたくり粉…適量
豚バラ薄切り肉…6枚（150g）
A ｜紹興酒、オイスターソース、
　｜　ごま油、かたくり粉
　｜　　…各小さじ1
B ｜オイスターソース、砂糖、
　｜　しょうゆ…各小さじ1
トマト（くし形切り）…適量

*紹興酒はなければ
普通の酒でOK。

10分

のっけてチンするだけ。

えのき豚のチン蒸し

材料(2人分)

えのきだけ(根元を落とし、
　半分に切ってほぐす)…1袋(200g)
ごま油…大さじ1
豚バラ薄切り肉(ひと口大に切る)
　…100g
A｜酒…大さじ1
　｜塩…少々
万能ねぎ(小口切り)、ポン酢しょうゆ
　…各適量

作り方

1 えのきはごま油をまぶす。豚肉はAをもみ込む。

2 耐熱皿にえのきを広げ、その上に豚肉を重ならないようにのせる。ラップをして電子レンジで4〜5分チンする。万能ねぎを散らし、ポン酢しょうゆをかけて食べる。

豚肉に火が通っているか、確かめながらチンしてね。

memo えのきはもやしにかえても。
水が出ないようにもやしにかたくり粉をまぶして。
えのきも豚肉もキッチンばさみで切ってしまえば、
包丁もまないたも汚れません。

[288kcal(1人分)/塩分量0.9g(1人分)]

新たまのレンチン花《フラワー》

新玉ねぎで作るとあまーくできます。

10分

材料（2人分）

新玉ねぎ…大1個（300g）

A｜ベーコン（粗みじんに切る）…50g
　｜ピザ用チーズ…50g

ハーブソルト…少々

作り方

1 新玉ねぎは根元を切り落とさないように縦に8等分に切り込みを入れる。耐熱皿にのせ、ラップをして電子レンジで3〜4分チンする。

チンする時間は玉ねぎの大きさに合わせて調節して。しんなりしたらOK。

2 ラップをはずしてAをまんべんなく散らし、ラップをせずに電子レンジで1分チンする。ハーブソルトを振り、好みでタバスコをかけて食べる。

memo 玉ねぎは根元まで切り落とすとバラバラになっちゃうから注意が必要です。ワインに合いますよ。

［265kcal（1人分）／塩分量1.1g（1人分）］

15分

カリフラワーの豚巻き

カリフラワーで筋力アップ。元気もり^{2}。

〔604kcal（1人分）／塩分量2.4g（1人分）〕

材料（2人分）

カリフラワー
（ひと口大の小房10個に分ける）
…100g
豚バラ薄切り肉
（約20cm長さのもの）
…10枚（200g）
塩…少々
小麦粉…適量
【たれ】
紹興酒…1/2カップ
しょうゆ、砂糖
…各大さじ1.5
はちみつ…大さじ1
ねぎの青い部分
（みじん切り）…20g
にんにく（みじん切り）…大さじ1
しょうが（みじん切り）
…小さじ1
八角…まるごと1個
水どきかたくり粉（水、かたくり粉）
…各小さじ1〜1.5
香菜…適量

作り方

1 カリフラワーは、それぞれに豚肉を巻きつける。塩を振り、小麦粉を薄くまぶし、巻き終わりを下にして耐熱皿に並べる。ラップをして電子レンジで3分〜3分30秒チンする。

肉がはがれにくくなります。

2 たれを作る。小なべにたれの材料を入れて熱し、沸騰したら弱火で2分ほど煮詰める。1の蒸し汁を加え、水どきかたくり粉を回し入れてとろみをつけて完成。

3 器に1を盛って香菜を散らし、2をつけて食べる。

memo たれは野菜炒めの調味料として使ったり、ゆで豚、蒸し鶏にも活用できます。このたれをつけて食べれば本格中華のシェフの味。

ごぼうの梅ぇあえ

材料(2人分)

A
- ごぼう(5cm長さに切る)…150g
- 水、酢…各大さじ2

B
- 梅肉…20〜25g
- 青じそ(みじん切り)…8枚
- 削り節…1袋(4.5g)

作り方

1 耐熱ボウルにAを入れ、ラップをして電子レンジで4分チンし、汁けをきる。

竹串などで刺してスッと通ったらOK。

2 めん棒などでたたいて食べやすい大きさに裂く。ボウルに戻し、Bを加えてあえる。

memo ごぼうの歯ごたえ、梅の酸味、かつお節のうまみ、しその香り。それらが渾然一体となったひと品です。

冷蔵で5日保存可

和食の小鉢がチンだけでできちゃう。

［63kcal(1人分)／塩分量2.8g(1人分)］

やわらかい穂先だけを使うから
2分できんぴらに。

05分

たけのこの チン de きんぴら

材料（2人分）

たけのこ（水煮、先端部分を放射状に切る）
…150g
A｜砂糖…大さじ1/2
｜しょうゆ…小さじ2
ごま油…小さじ1
ゆずこしょう…適量

［55kcal（1人分）／塩分量1.1g（1人分）］

作り方

耐熱ボウルにたけのこ、Aを入れて混ぜ合わせ、ラップをして電子レンジで2分チンする。ごま油を回し入れ、器に盛り、ゆずこしょうを添える。

memo たけのこは水煮を使うとき、下ゆですると酸味が抜けますよ。

05分

きゅうりの じゃこチン

材料（2人分）

A｜ちりめんじゃこ
｜…20g
｜ごま油…大さじ1
きゅうり（斜め薄切りにして細切り）
…1本（100g）
B｜いり白ごま
｜…大さじ1/2
｜削り節…3g
｜しょうゆ
｜…小さじ1/2
｜塩…少々

作り方

1. 耐熱ボウルにAを混ぜ合わせ、ラップをせずに電子レンジで1分チンする。
2. 別のボウルにきゅうり、1、Bを入れてあえる。

［99kcal（1人分）／塩分量1.2g（1人分）］

うまみたっぷり、特急小鉢！

05分

さやいんげんのからしマヨ

からしでパンチをきかせたおつまみ。

材料（2人分）

A｜さやいんげん
（へたを切り落として3等分に切る）…60g
水…大さじ1

B｜塩昆布（粗みじんに切る）、マヨネーズ
…各大さじ1
和がらし
…小さじ1/2～

作り方

1 耐熱ボウルにAを入れ、ラップをして電子レンジで2分チンする。

2 別のボウルにBを入れて混ぜ合わせ、水けをきった1を入れてあえる。

memo
からし少なめなら子どものお弁当向きよ。
グリーンアスパラガスや
スナップえんどうにかえても。

［54kcal（1人分）／塩分量0.7g（1人分）］

05分

さやいんげんのしらすあえ

材料（2人分）

さやいんげん
（5cm長さの斜め切り）
…100g

A｜木綿豆腐（くずす）
…50g
しらす干し…30g
オリーブオイル
…大さじ1
砂糖…小さじ1
塩…ふたつまみ

作り方

1 いんげんは水でぬらしてラップをし、電子レンジで3分チンする。

2 ボウルに1、Aを入れて混ぜ合わせる。

memo
にんじん、さやえんどう、ささがきごぼう、
もやしにかえてもおいしいです。

［108kcal（1人分）／塩分量0.9g（1人分）］

白あえにしらす干しをプラス。

15 分

甘いさつまいもにカレーの風味が隠し味。

さつまいものスープ

材料(2人分)

A | さつまいも(皮をむき、2mm厚さの輪切り)…正味150g
　| 玉ねぎ(みじん切り)…1/4個
　| しょうが(みじん切り)…1かけ
　| オリーブオイル…大さじ1.5
　| カレー粉…小さじ1/8

水…1/2カップ

B | バター…5g〜
　| 塩…小さじ1/2強
　| 水…1カップ

作り方

1 ボウルにAを混ぜ、耐熱皿に広げてのせ、ラップをして電子レンジで4分チンする。

2 ミキサーに1、水を入れ、なめらかになるまで攪拌する。

3 耐熱ボウルに2、Bを入れ、ラップをして電子レンジで4分チンする。器に盛って、好みでパセリを散らす。

[212kcal(1人分)/塩分量1.5g(1人分)]

10分

鶏と昆布が、だしがわり。

きゅうりのチンスープ

材料(2人分)

きゅうり(輪切り)…1/2本(50g)
塩…少々
鶏ささ身(斜め薄切り)…1本(60g)
A | 酒…小さじ1
　| 塩…少々
B | 塩昆布(粗みじんに切る)…5g
　| ごま油…小さじ1
　| 塩…小さじ1/6〜
　| こしょう…少々
　| 水…1.5カップ
いり白ごま…適量

作り方

1 きゅうりは塩を振り、軽くもんで水けをしぼる。ささ身はAで下味をつける。

2 耐熱ボウルに1、Bを入れ、ラップをせずに電子レンジで5〜6分チンする。

3 器に盛り、ごまを散らす。

［63kcal(1人分)／塩分量1.5g(1人分)］

12分

すりおろした長いもの口当たりがトロン^2。

長いものフワフワ汁

材料(2人分)

えび…4尾
酒、しょうゆ…各少々
長いも(皮をむいてすりおろす)
　…10cm(180g)
A | 絹ごし豆腐(手でくずす)…1/3丁(100g)
　| 卵…1個
　| かつおだし…1カップ
　| しめじ…50g
　| 塩…小さじ1/3
　| しょうゆ…小さじ1
三つ葉…適量

［177kcal(1人分)／塩分量2.3g(1人分)］

作り方

1 えびは殻と尾を除き、1cm長さに切り、酒、しょうゆで下味をつける。

2 耐熱ボウルに長いも、1、Aを入れてよく混ぜ、ラップをして電子レンジで4分50秒チンする。三つ葉をのせる。

10分

にんじん しっとりふりかけ

材料(2人分)

にんじん(粗めにすりおろす)…100g
しょうゆ…小さじ1/2〜
ちりめんじゃこ…10g
塩…ふたつまみ

作り方

1. にんじんはしょうゆを振って耐熱皿に広げる。ラップをせずに電子レンジで3分チンし、水分をとばす。
2. フライパンに1を入れ、油を入れずに弱火でさらにからいりする。水分がとんだらじゃこを加えて混ぜ合わせ、仕上げに塩を振って混ぜる。

ねっとり感がなくなるまでからいりしてね。

冷蔵で5日保存可

にんじんの甘みが引き立って、野菜嫌いの子どもにもおすすめ。

〔30kcal(1人分)／塩分量0.9g(1人分)〕

05分

ししとうのふりかけ

材料(4人分)

A
- ししとうがらし(小口切り)…1パック(50g)
- ちりめんじゃこ…10g
- 削り節…1袋(4.5g)
- サラダ油…小さじ2

しょうゆ…小さじ1

作り方

1. 耐熱ボウルにAを入れ、軽く混ぜる。
2. ラップをせずに電子レンジで2分チンする。しょうゆを加えてさっと混ぜる。

冷蔵で5日保存可

ご飯に混ぜたり、おつまみにしても。

〔32kcal(1人分)／塩分量0.4g(1人分)〕

4章

ひと皿完結 めんものごはんもの

忙しいときは「1汁3菜」なんて
気にしなくても大丈夫。
パスタや丼もの1品でも、
おなかいっぱいになれば
それでいいと思います。
お願いしたいのは、
その1品のなかに
1種類でもいいから野菜を使うこと。
栄養バランスがよくなるだけでなく、
料理に彩りが生まれて食欲もアップ。
作ったものを楽しく食べて、
健康でいられることが第一です。

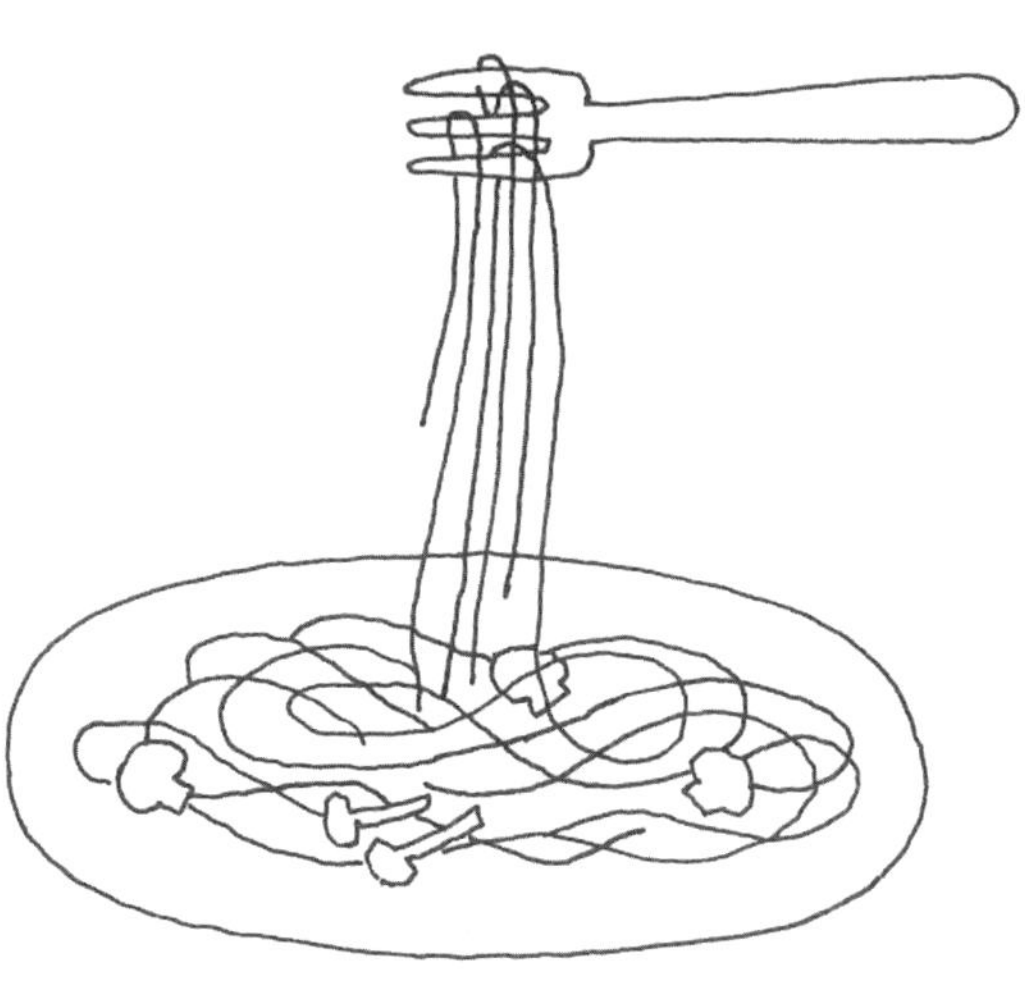

レミートソースパスタ

トマトとにんじんの抗酸化作用で、強い体をつくりましょう。

［475kcal（1人分）／塩分量2.3g（1人分）］

B｜ウスターソース…大さじ1
　｜塩…小さじ1/2
　｜ローリエ…1枚
こしょう…適量
フジッリ（ショートパスタ）…210g
バジルの葉、粉チーズ…各適量

＊トマトは完熟のものを使って。
＊フジッリはねじねじのショートパスタのことで、ソースがよくからみます。

作り方

1 フライパンに A を熱し、にんにくの香りが立ってきたら、にんじん、玉ねぎを加えて炒める。しんなりするまで炒め、ひき肉を加えて焼きつけるように炒める。

2 ワインを加え、トマトの切り口を下にして置く。ふたをして3分煮て、トマトの皮を除いてつぶす。

皮がかんたんにむけるようになります。

3 B を加え、ふたをせずにときどき混ぜながら、汁けがほとんどなくなるまで7分ほど煮て、こしょうを振る。袋の表示どおりにゆでたフジッリをあえ、器に盛り、バジルを添え、粉チーズを振る。

memo 残ったソースは、トーストやご飯にのせて食べても。

12分

しそパスタ

あたたかいうちに混ぜて、しその香りを楽しんで！

材料(2人分)

パスタ(1.4mm・フェデリーニ、半分に折る)…100g

A
- 生ハム(細切り)…3枚(30g)
- バター(常温にもどす)…40g
- もろみしょうゆ…小さじ1～

青じそ(みじん切り)…20枚

*もろみしょうゆがなければ、いつものしょうゆでも。

作り方

1 たっぷりの湯を沸かし、塩適量(分量外)を入れ、パスタを袋の表示どおりにゆでる。ゆで上がったらざるにあげ、湯をしっかりときる。

2 ボウルに1、Aを混ぜ合わせ、青じそを加えて混ぜる。

[363kcal(1人分)／塩分量1.7g(1人分)]

20分

材料(3人分)

A
- オリーブオイル…大さじ1
- にんにく(みじん切り)…1かけ

にんじん(すりおろす)…1本(150g)

玉ねぎ(みじん切り)…1/2個(100g)

合いびき肉…200g

赤ワイン…大さじ2

完熟トマト(半分に切る)…2個(300g)

15分

アスパラのみそバターうどん

これを食べたら
明日《アス》パラダイスよ！

材料(2人分)

グリーンアスパラガス
…6本(100g)
サラダ油…小さじ2
塩…少々
ほたて
(2〜3枚のそぎ切り)…6個
水…1/4カップ
バター…15g
冷凍うどん
(レンジでチンしてほぐす)
…2玉
A　酒…大さじ2
　　みそ…大さじ1
　　しょうゆ…小さじ1/2
粗びき黒こしょう…適量

作り方

1 アスパラは茎のかたい部分を切り落とし、3mm厚さの斜め薄切りにする。

2 なべにサラダ油を熱して1を炒め、塩をまぶしたほたて、水を加え、ふたをしてさっと蒸し煮にして、いったん具だけをとり出す。汁けはそのまま残す。

3 2のなべにバターを入れてうどんを炒め、とり出した具を戻してAで調味する。器に盛り、こしょうを振る。好みでタバスコや粉チーズを振る。

［424kcal(1人分)／塩分量2.6g(1人分)］

にらレバうどん

15分

材料(2人分)

鶏レバー(ひと口大に切る)…150g
A　酒…大さじ2
　　しょうゆ…大さじ1
　　しょうがのしぼり汁…大さじ1/2
かたくり粉…小さじ2
サラダ油…大さじ2
にんにく(みじん切り)…小さじ2
にら(5cm長さに切る)
…1束(100g)
冷凍うどん
(レンジでチンしてほぐす)…2玉
B　酒…大さじ2
　　オイスターソース、
　　しょうゆ…各小さじ1
　　砂糖、ナンプラー…各小さじ1/2
ごま油…少々

作り方

1 レバーは流水で洗い、しっかりと水けをきる。合わせたAで下味をつけ、10分おいて汁けをきり、かたくり粉をまぶす。

2 フライパンにサラダ油を熱し、弱火でにんにくを炒める。1を加えてさっと炒める。レバーの色が変わったら、にら、うどんの順に加えて炒める。合わせたBで味つけし、ごま油で香りをつける。

3 器に盛り、好みで七味とうがらし、ラー油を振って食べる。

memo　レバーは焼きすぎるとぱさぱさになるので注意して。

［498kcal(1人分)／塩分量3.2g(1人分)］

15分

ピーマンのエスニックめん

材料(2人分)

鶏もも肉(ひと口大に切る)…150g
塩、こしょう…各少々
サラダ油…適量
玉ねぎ(薄切り)…1/2個
A
- 赤ピーマン(乱切り)…2個
- トマト(くし形切り)…小1個
- 香菜(粗みじんに切る)…1/2カップ

B
- 水…2〜3カップ
- ヨーグルト…1.5カップ
- ナンプラー…大さじ2
- にんにく(すりおろす)…大さじ1/2
- クミンパウダー、塩…各小さじ1/2
- 赤とうがらし(種をとり、ちぎる)…1本
- こしょう…少々

ゆできしめん…1〜1.5袋(200〜300g)
香菜(ちぎる)…適量

[551kcal(1人分)/塩分量6.2g(1人分)]

作り方

1 鶏肉は塩、こしょうで下味をつける。

2 なべにサラダ油を熱し、玉ねぎを炒める。1を加え、肉の色が変わるまでさらに炒める。

3 Aを加えて軽く炒め、Bを加えて沸かす。鶏肉に火が通ったら、きしめんを加えて煮込む。器に盛り、香菜をのせる。

memo
チベットでは平たいめんを使うから
きしめんで再現しました。
ヨーグルトの分離が気になる場合は、
最後に加えてもOKです。

トマトのさば缶カレー

ルウを使わずにうちカレーが
できちゃいます。

材料（4人分）

サラダ油…大さじ2
A｜トマト（湯むきしてざく切り）…2個（250g）
　｜玉ねぎ（みじん切り）…大1/2個（150g）
　｜ピーマン（みじん切り）…2個（60g）
　｜にんにく（みじん切り）…大さじ1
カレー粉…大さじ1
B｜トマトケチャップ…大さじ3
　｜酒…大さじ2
　｜ウスターソース…大さじ1/2
さば水煮缶（汁けをきる）…1缶（200g）
C｜クミンパウダー…大さじ1/2
　｜塩…少々
あたたかいご飯…600g
パセリ（みじん切り）、ピクルス…各適量

作り方

1 なべにサラダ油を熱し、Aを入れて炒める。野菜がしんなりしたら、カレー粉を加えて炒め、さらにBを加えて炒める。

2 さば缶を加えてほぐしながら混ぜ、Cを入れて全体に味がなじむまで炒める。

3 器にご飯を盛り、2をかける。パセリを振り、ピクルスを添える。

［475kcal（1人分）／塩分量1.3g（1人分）］

［529kcal（1人分）／塩分量5.0g（1人分）］

10 分

なすとうなぎのチャーハン

ナぃスな組み合わせでしょ。
少ないうなぎでも大満足！

材料（1人分）

なす…1本（80g）
A | 水…1/2カップ
　| 塩…小さじ1/2
サラダ油…大さじ1
あたたかいご飯…200g
うなぎのかば焼き（1cm角に切る）
　…1/4枚
B | 梅肉…大さじ1/2
　| 青じそ（みじん切り）…5枚

作り方

1 なすは縦半分に切り、3mm 厚さの半月切りにする。

2 ボウルに**1**と **A** を入れ、5分おいたら手でもんでアクを出し、きつくしぼる。

3 フライパンにサラダ油を熱し、**2**を炒め、ご飯を入れてさらに炒める。うなぎを加えて火を止め、**B** を加えて混ぜ合わせる。

memo なすは炒める前に水けをしぼって。油の吸いすぎを抑えられるうえ、風味と食感が生きます。

20分

さば混ぜごはん

玉ねぎの甘みがさばのうまみをひき立てます。

材料(2人分)

塩さば(三枚におろしたもの)
　…2枚(正味300g)
粗びき黒こしょう…適量
オリーブオイル…大さじ1
玉ねぎ(みじん切り)…100g
A｜しょうゆ…大さじ1.5
　｜酒…大さじ1
雑穀米のご飯またはご飯
　…400g
B｜青じそ(みじん切り)…10枚
　｜いり白ごま…大さじ2
卵…2個
サニーレタス、トマト(くし形切り)、
　レモン(くし形切り)…各適量

作り方

1 さばはそれぞれ半分に切り、4枚にしてこしょうを振る。

2 フライパンにオリーブオイルを熱し、さばを両面焼いて、さばから出た油は残していったんとり出す。同じフライパンで、玉ねぎを透き通るまで炒める。

3 焼いたさばの下半分（尾のほう）をくずして戻し、Aを加えて味をなじませたら、ご飯を加え、Bを混ぜる。

4 別のフライパンにオリーブオイル（分量外）を熱し、目玉焼きを2つ作る。器に3、上半分のさば、目玉焼きを等分に盛り、レタス、トマト、レモンを添える。

［999kcal（1人分）／塩分量4.9g（1人分）］

にんにくいっぱい キーマカレー

材料（3人分）

オリーブオイル…大さじ2
にんにく（たたいて軽くつぶす）
…1玉（かたまり60g）
玉ねぎ（薄切り）…1個（200g）
カレー粉…大さじ2
合いびき肉…200g
A じゃがいも（すりおろす）
…1個（200g）
トマト（半分に切る）…1個（200g）
トマトペースト…大さじ2
ローリエ…1枚
水…1.5カップ
B しょうゆ、オイスターソース
…各大さじ1
ハーブソルト…小さじ2
ウスターソース…小さじ1
クミンパウダー…大さじ1/2〜
あたたかいご飯…適量

作り方

1 なべにオリーブオイルを熱し、にんにくと玉ねぎを5分ほどねっとりと炒める。カレー粉を加え、粉っぽさがなくなるまで炒め、ひき肉を加えてさらに炒める。

2 ひき肉の色が変わったらAを加え、ふたをして5分煮る。途中でトマトの皮はとり除く。Bを加え、ふたをせずに5分煮て、クミンを加えて混ぜる。

トマトは入れるときに切り口を下にして置くと、皮をはがしやすいです。

3 器にご飯を盛り、2をかける。

memo にんにくはつぶしてから入れると香りやうまみが出やすくなります。お好みでヨーグルトをトッピングしても。

ほくほくのにんにくとトマトのパワーで、さびない体を目指しましょう。

［601kcal（1人分）／塩分量3.0g（1人分）］

10分

しょうが焼き丼

材料（2人分）

A
- しょうが
  （皮つきのまま超薄切り）
  …40〜60g
- 豚バラ薄切り肉
  （ひと口大に切る）…150g
- しょうゆ…大さじ1〜
- みりん、酒…各大さじ1

サラダ油…大さじ1
あたたかいご飯…400g

B
- もみのり…全形2枚分
- 三つ葉（ざく切り）…1/2束

作り方

1 ボウルにAを入れてよく混ぜ、下味をつける。

2 フライパンにサラダ油を熱し、1をつけ汁ごと入れてほぐしながらよく炒める。

3 ご飯にBを混ぜて器に盛り、2を汁ごとのせる。好みで三つ葉をのせ、七味とうがらしを振って食べる。

memo

しょうがは向こうの景色が見えるくらい超薄切りにして。
しょうがは多いと思うくらい入れるのがポイントです。
具が全部茶色だから、よそうときに
みんなしょうがの人が出ちゃうかもしれないので
要注意です。

実家の母がよく作ってくれた定番どんぶり。

〔726kcal（1人分）塩分量2.0g（1人分）〕

07分

アボカ丼

材料（1人分）

あたたかいご飯…200g
アボカド（縦3mm厚さに切る）…1/2個
温泉卵…1個

A
- すり白ごま…大さじ2
- しょうゆ…大さじ1
- 砂糖、酒…各小さじ2
- コチュジャン…小さじ1
- にんにく（すりおろす）…小さじ1/2
- ごま油…小さじ1/4

作り方

器にご飯を盛り、アボカドと温泉卵をのせ、混ぜ合わせたAをかける。

memo

夫の和田さんの大好物、
アボカドを主食にできないかと
考えてできたレシピ。
ピーナッツを加えてもおいしいです。
たれは蒸し鶏にかけたり、
豚しゃぶサラダの
ドレッシングにしたり。

〔733kcal（1人分）／塩分量3.3g（1人分）〕

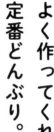

いか、バター、青じその名トリオだから飽きないおいしさ。

大葉の塩辛チャーハン

［349kcal（1人分）／塩分量1.7g（1人分）］

材料（2人分）

A ｜バター…20g
　｜にんにく（みじん切り）…大さじ1
　｜豆板醤…少々

いかの塩辛（粗みじんに切る）…大さじ2
あたたかいご飯…300g
しょうゆ…小さじ1/2
青じそ（みじん切り）…10枚

＊いかの塩辛はかつおの塩辛“酒盗”で作っても美味。

作り方

1 フライパンにAを入れて弱めの中火で香りを立て、塩辛とご飯を加えて、軽く炒める。

味に深みが出ます。

2 しょうゆを加えて火を止め、青じそを加えてざっくり混ぜる。

ご飯にのせるだけの栄養満点どんぶり。

15分

ご飯がどんどんほしくなる！
だからこの名前ね。

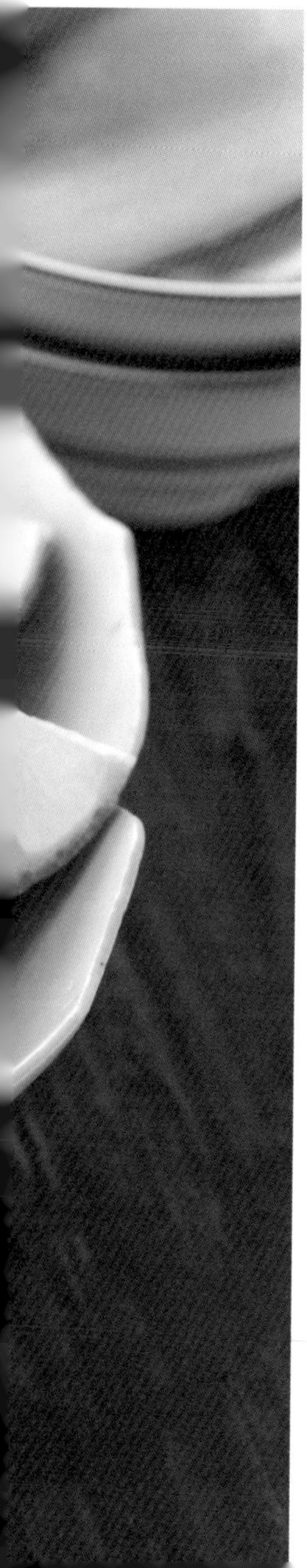

ピーマンのめしどろぼー

材料（2人分）

ごま油…大さじ1.5
ピーマン（1cm幅の縦切り）
　…150g
ねぎ（5mm幅の斜め切り）
　…1本
A｜水…大さじ3
　｜しょうゆ、酒、みりん
　｜　…各大さじ1
あたたかいご飯…2人分
削り節…2袋（5g）

作り方

1 フライパンにごま油を強火で熱し、ピーマンを焦げ目がつくほど両面しっかり炒める。

2 ねぎを加えてさらに炒め、Aを加えて汁けがなくなるまで炒める。

3 器にご飯を盛り、2をのせる。削り節を振り、混ぜて食べる。

memo ピーマンは皮目を下にして落としぶたで押しつけて焼くと、甘みが出て青くささも苦みもとれます。

〔413kcal（1人分）／塩分量1.3g（1人分）〕

15分
※炊飯時間を除く

たけのこアジアンごはん

材料（4人分）

鶏もも肉（2cm角に切る）…200g
A｜酒…大さじ1
　｜塩…小さじ1/3
米（洗ってざるにあげる）…3合
B｜ナンプラー…大さじ1.5
　｜しょうゆ…大さじ1
　｜砂糖…小さじ1
鶏ガラスープ…2.5カップ〜
ゆでたけのこ（1cm角に切る）…150g
にんじん（粗みじんに切る）…1/2本（80g）
粗びき黒こしょう、香菜、ライム
（くし形切り）…各適量

作り方

1 鶏肉は、Aで下味をつけて10分おく。

2 炊飯器に米とBを入れ、鶏ガラスープを3合の目盛りまで加えて混ぜる。たけのこ、にんじん、1をのせて炊く。

3 器に盛り、こしょうを振って香菜を添え、ライムをしぼって食べる。

［579kcal（1人分）／塩分量2.9g（1人分）］

調味料をかえるだけでたちまちエスニックに。

10分
※炊飯時間を除く

おさつ入りみかんごはん

みかんの皮の風味が新鮮!!
さわやかな炊き込みごはん。

［426kcal（1人分）／塩分量1.3g（1人分）］

作り方

1. みかんは皮つきのまま塩適量（分量外）でこすり洗いし、へたをとって横半分に切る。
2. 炊飯器にAを入れて軽く混ぜ、みかんの切り口を下にして置き、さつまいも、Bを加えて普通に炊く。
3. 炊き上がったらみかんをくずしながら混ぜる。器に盛り、三つ葉を散らす。

お好みでバターをのせて食べてもおいしいわよ!

memo みかんの皮は塩でしっかりこすり洗いして汚れを落としてから使ってくださいね。

長いもたたき丼

長いもは切らずにたたいて、味をしみ込みやすく。

材料(2人分)

まぐろ、サーモンの刺し身(1.5cm角に切る)…各100g
しょうゆ…小さじ1
あたたかいご飯…2杯分
A | いり白ごま…適量
　| 焼きのり(ちぎる)…全形1枚
長いも(袋に入れてたたく)…200g
アボカド(1.5cm角に切る)…1/2個
卵黄…2個分
B | コチュジャン…大さじ1
　| しょうゆ、ごま油…各大さじ1/2
　| にんにく(すりおろす)…小さじ1/4

作り方

1 まぐろ、サーモンにしょうゆをからめる。

2 器にご飯を盛り、Aを散らし、長いも、アボカド、1をのせ、真ん中に卵黄を落とす。混ぜ合わせたBをかける。

memo 長いもをたたくのは、たれをよくからませるためです。

［669kcal(1人分)／塩分量2.0g(1人分)］

材料(4人分)

みかん…2個(160g)
A | 米(洗ってざるにあげる)…2合
　| かつおだし…1.5カップ
　| 薄口しょうゆ、酒…各大さじ1
　| 塩…小さじ1/3〜
さつまいも(皮つきのまま1.5cm角に切る)…1本(200g)
B | しょうが(せん切り)…5g
　| 鶏もも肉(1cm大に切る)…100g
三つ葉…適量

15分

［パンを使って］

トマト炒《チャー》パン

**チャーハンでなく、
パンを炒めるからチャーパン！**

材料(2人分)

オリーブオイル…大さじ1.5
A
- にんにく(みじん切り)…小さじ1
- ベーコン(みじん切り)…30g
- 赤とうがらし…1/3本
- 玉ねぎ(みじん切り)…100g

トマト(皮をむき、ざく切り)…1個(150g)
フランスパン(1cm角に切る)…80g
パセリ(みじん切り)…少々

作り方

1 フライパンにオリーブオイルを熱し、Aを順に炒める。玉ねぎがしんなりしたら、トマトを加えてへらでつぶし、フランスパンを加え、炒めながらトマトの汁けを吸わせる。

2 パンがホロホロになったら器に盛り、パセリを散らす。好みで塩、こしょうを振る。

memo

かたくなったフランスパンを
利用すると便利。ムダなしね。

［291kcal(1人分)／塩分量0.9g(1人分)］

5章

すぐに作れるおつまみ

わが家は昔から
お客さんが突然やってくる家でした。
冷蔵庫をのぞいて
そこにあるものでなんとかしていたので、
あれこれ作るのが
得意になったのかもしれません。
いつもだったら捨てちゃうような
野菜の皮や軸も
おつまみに変身させることが
できるようになりました。

10分

塩麹が野菜と鶏にうまみを与えてくれて、
むね肉もやわらか。

パプリカと鶏むね肉の塩麹焼き

材料(4人分)

A
- パプリカ(赤・黄、ひと口大に切る)…各1/2個
- 鶏むね肉(ひと口大に切る)…250g
- 塩麹…大さじ1〜

【塩レモンだれ】
- レモンのしぼり汁…大さじ2
- 塩麹…小さじ2
- にんにく(すりおろす)…少々

サラダ油…適量

作り方

1 ポリ袋にAを入れ、もみ込んで下味をつけ、30分おく。

2 塩レモンだれを作る。材料を混ぜて完成。

3 フライパンにサラダ油を熱し、1を火が通るまで炒める。ピックなどに刺して器に盛り、好みでクレソンを添え、2をつけて食べる。

串には刺さず、高く積み上げてもかわいい。

memo 鶏肉に塩麹をもみ込むときは、ポリ袋に入れて外からもむ。豚肉や牛肉でもおいしいから試してみて。

[200kcal(1人分)/塩分量1.0g(1人分)]

ふわふわにら玉

材料（2人分）

はんぺん…50g
卵…3個
サラダ油…少々
にら（3cm長さに切る）…100g
ナンプラー…小さじ1/2

作り方

1 はんぺん、卵はポリ袋に入れ、外からもんでぐちゃぐちゃにする。

2 フライパンにサラダ油を熱し、にらをさっと炒める。**1**、ナンプラーを加えてさっくり炒める。

memo
にらは炒めすぎると栄養が逃げてしまうので、さっと火を通す程度に。

［157kcal（1人分）／塩分量1.0g（1人分）］

ネットで500万回以上再生されたレシピがこれ！
にらをキッチンばさみで切れば、包丁もまないたも不要です。

[110kcal(1人分)／塩分量2.1g(1人分)]

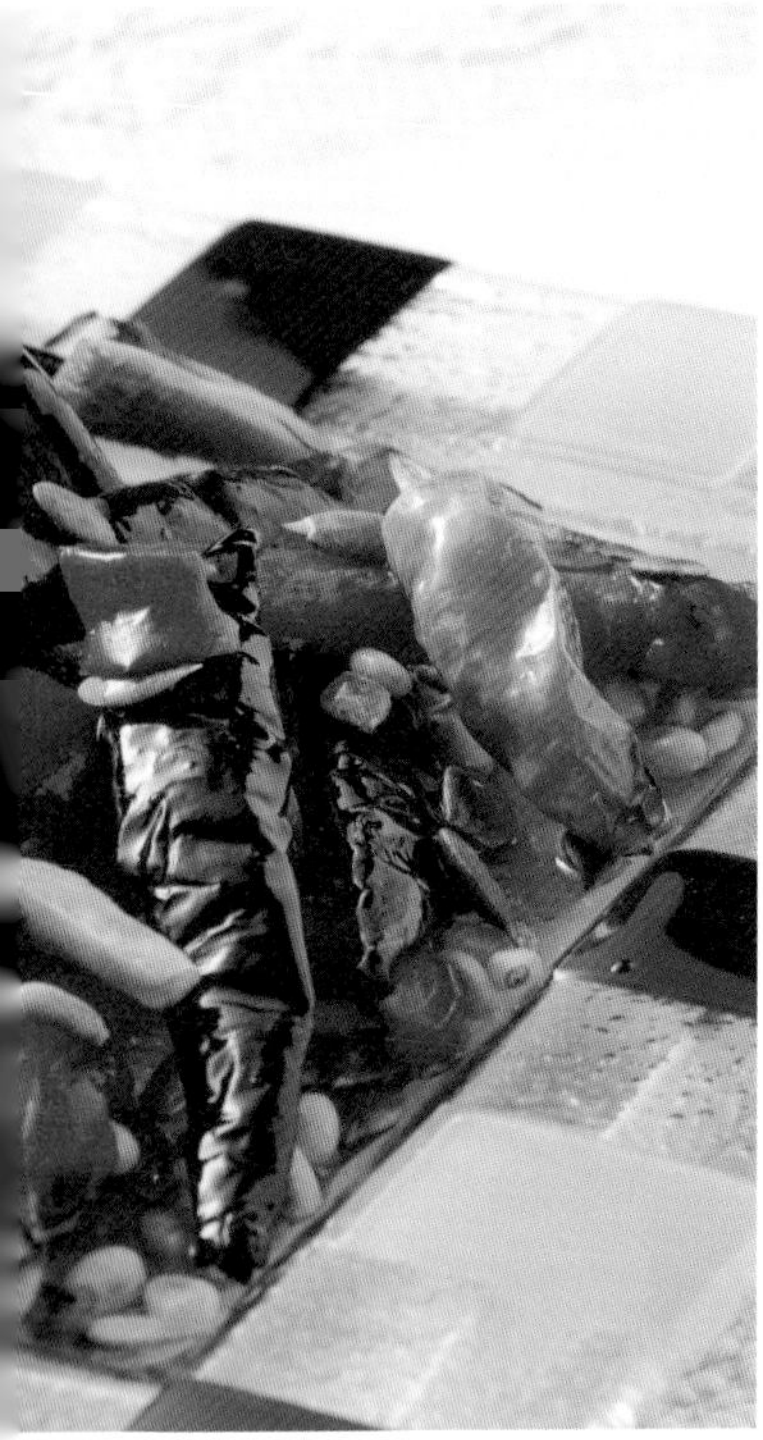

夏野菜の直火焼き

香ばしく焼いた野菜は
水分がとんで、うまみがアップします。

memo

最後に散らすナッツ類はくるみもよく合います。
冷たくしてもおいしいです。
野菜は季節に合わせて好みのものを使ってね。

10分

[548kcal(1人分)／塩分量1.7g(1人分)]

しそべ揚げ

磯辺揚げの青のりを
青じそにするからこの名前。

材料(2人分)

【しそ衣】
- 青じそ(細かいみじん切り)…10枚
- 天ぷら粉…大さじ4
- 水…1/4カップ

ちくわ(斜め半分に切る)…4本
揚げ油…適量
青じそ…5枚
塩…少々

作り方

1. しそ衣の材料をボウルに混ぜる。ちくわをくぐらせ、揚げ油(180度)でさっと揚げる。青じそ5枚は、裏側にだけしそ衣をつけて、同様に揚げる。
2. 器に盛り、青じそは塩を振って食べる。

［241kcal（1人分）／塩分量1.3g（1人分）］

パクチーとナンプラー好きにはやめられない！

パクチーいっぱい厚揚げ炒め

材料（2人分）

厚揚げ…1枚
ごま油…大さじ1
A｜にんにく（みじん切り）…小さじ2
　｜赤とうがらし（種をとる）…1/2本
B｜ナンプラー…小さじ2
　｜砂糖、酒、レモンのしぼり汁
　｜　…各小さじ1
香菜（ざく切り）…20g

作り方

1 厚揚げは油抜きして、縦半分に切り、7mm厚さの短冊切りにする。

2 フライパンにごま油を熱し、Aを入れて炒める。にんにくの香りが立ったら厚揚げを加えてさっと炒め、混ぜ合わせたBを加え、香菜を混ぜる。

材料（4人分）

なす（縦6〜8等分に切る）
　…2〜3本（200g）
エリンギ（鉛筆くらいの太さに裂く）
　…1〜2本（100g）
赤パプリカ（縦1cm幅に切る）…100g
ししとうがらし（2〜3カ所に
　包丁などで穴をあける）…8本
A｜松の実、かぼちゃの種
　｜　…各大さじ1〜
B｜ポン酢しょうゆ、
　｜フレンチドレッシング
　｜　（セパレートタイプ）…各大さじ4

作り方

1 野菜をグリルに並べ、焼き色がつくまで焼く。Aは軽くからいりして香りを立たせる。

2 野菜が熱いうちに合わせたBをからめて器に盛り、Aを散らす。

15分

山いものおやき

外はカリッと、中はもちもちの食感が最高です。

材料（3人分・9枚分）

A ｜卵…1個
　｜水…1/2カップ
　｜塩…小さじ1/3

山いも（皮をむき、すりおろす）
　…正味150g

山いも（皮をむき、3～4cm長さのせん切り）…100g

B ｜小松菜（3～4cm長さに切る）
　｜　…1株（60g）
　｜にんじん（せん切り）…50g
　｜しいたけ（薄切り）…1枚

小麦粉…40g

ごま油…適量

C ｜マヨネーズ…大さじ2
　｜コチュジャン…大さじ1/2

作り方

1 ボウルにAを入れてよく混ぜ、2種類の山いもとBを加えてさっと混ぜ、最後に小麦粉を加えてさっくり混ぜる。

2 フライパンにごま油を熱し、1を1/9量ずつ丸く落として平らにし、へらで押さえつけながら焼く。途中でごま油を足し、カリッとするまで両面を焼く。

カリッとした食感が好きなら、ごま油を多めに足して。

3 器に2を重ねて盛る。合わせたCのたれをつけて食べる。

memo 数枚同時に焼くと手早くできます。
おやきに入れる野菜は、
好きな野菜や家にある残ったものでOK。

［222kcal（1人分）／塩分量0.7g（1人分）］

15分

アボカドとサーモンの組み合わせは
丈夫な骨作りを助けてくれるのよ。

材料(2人分)

玉ねぎ…約1/6個(30g)

A
- アボカド(1cm角に切る)…1/2個
- 刺し身用サーモン(1cm角に切る)…100g
- ミニトマト(8等分に切る)…4個
- サニーレタス(手でちぎる)…2枚
- 香菜(ざく切り)…1株
- ミント(ざく切り)…ひとつかみ

ハーブソルト…小さじ1/4

ライスペーパー…4枚～

B
- スイートチリソース…大さじ1
- ライムのしぼり汁…小さじ1
- ナンプラー…小さじ1/2

作り方

1 玉ねぎは薄切りにして水にさらし、ペーパータオルで水けをきる。ボウルに玉ねぎとAを入れてさっと混ぜ、ハーブソルトを加えて混ぜる。

ライスペーパーで巻く直前に加えてね。

2 ライスペーパーを水にくぐらせ、1を適量のせて巻く。

3 器に盛り、好みでライムや香菜を添え、合わせたBをつけて食べる。

memo ゆでたえびや、生ハムを入れてもおいしいです。

アボカロール

しょうがのかき揚げ

15分

甘いホクホクの根菜に
たっぷりのしょうがを入れたら
アラ不思議、料亭の味に。

材料（2人分）

A
- しょうが…30g
- さつまいも、かぼちゃ…各50g

水…大さじ3〜
天ぷら粉…大さじ4〜
揚げ油…適量
塩…適量

作り方

1 Aは皮つきのまま同じ長さの細切りにする。

2 ボウルに1を入れ、水を振って天ぷら粉をまぶし、軽く混ぜる。適量を箸でとり、170度の揚げ油でカリッと揚げる。

ばらけないように箸でしばらくはさんでおく。

3 器に盛り、塩をつけて食べる。

memo 塩のかわりにシナモンを振ってアイスクリームにのせればデザートに。

［336kcal（1人分）／塩分量0.3g（1人分）］

03分

材料（2人分）

A｜水菜（2〜3cmのざく切り）
　…80g
　ツナ缶（汁ごと）
　…小1缶（70g）
B｜ゆずのしぼり汁…小さじ1
　しょうゆ…小さじ1/2
焼きのり（細かくちぎる）…全形1枚

作り方

ボウルにAを合わせ、Bを加えてよく混ぜる。のりを加えたらすぐ食べる。

水菜のおツナあえ

ツナ缶にゆずの柑橘の風味が加わると、急に上品な味わいに。

［107kcal（1人分）／塩分量0.6g（1人分）］

03分

材料（2人分）

アボカド（1cm角に切る）…1個
塩昆布（粗みじんに切る）…大さじ2
オリーブオイル…小さじ2

作り方

1 ボウルに材料をすべて入れて、さっくりあえる。

2 アボカドの皮を器にし、1を盛る。

memo

ゆずこしょうやわさびであえてもいけますよ。

アボカドよろ昆布

濃厚なアボカドに、
うまみたっぷりの塩昆布がベストマッチ。

［193kcal（1人分）／塩分量1.1g（1人分）］

野菜の芯や皮もおいしく食べる

05分

ブロッコリーの芯ピラ

芯は捨てずに
レンチンできんぴら！

［32kcal（1人分）／塩分量0.6g（1人分）］

材料（2人分）

ブロッコリーの芯（茎）…100g
しょうゆ…小さじ1
ごま油、みりん…各小さじ1/2
オイスターソース…小さじ1/4

作り方

1 ブロッコリーの芯は皮をむき、半量ずつ輪切りと棒切りにする。

2 耐熱ボウルに材料をすべて入れ、さっと混ぜる。ラップをして電子レンジで2～3分チンする。好みで七味とうがらしを振る。

memo 時間がたつと、味がなじんで落ち着きます。

栄養満点の大根の皮は
ピーラーで薄くむいて活用。

［60kcal（1人分）／塩分量2.0g（1人分）］

05分

大根の皮ったザーサイ

材料（2人分）

大根の皮（皮をピーラーでむき、3cm 長さに切る）
　…1/2本分（60g）
しょうゆ…大さじ1.5
ごま油、砂糖…各大さじ1/2
ラー油…適量（赤とうがらしでも代用可能）

作り方

耐熱ボウルにすべての材料を入れ、さっと混ぜる。ラップをして電子レンジで1分チンする。熱いうちによく混ぜ、1時間以上漬ける。

10分

しいたけの軸とほたてのおつまみ

材料(4人分)

サラダ油…大さじ1
しいたけの軸
（手で細かく裂く）…50g
ほたて水煮缶（汁ごと）
…1缶（95g）
しょうゆ…小さじ1/2

作り方

1 フライパンにサラダ油を熱し、しいたけの軸を入れ、弱めの中火でしんなりするまでしっかり炒める。

2 ほたてを缶汁ごと加え、へらでほぐしながらパラパラになるまでさらに炒める。しょうゆを加えて混ぜ、器に盛って好みで七味とうがらし、粉ざんしょうなどを振る。

軸がまるでほたてになっちゃう
マジック（軸）料理。

［53kcal（1人分）／塩分量0.3g（1人分）］

05分

なすの皮ったキンピラ

材料(2人分)

ごま油…大さじ1
赤とうがらし（種ごと）
…1/3本
なすの皮
…3～4本分（50g）
ナンプラー…小さじ1/2～
いり白ごま…適量

作り方

1 フライパンにごま油を熱し、赤とうがらし、なすの皮の順に炒める。皮がくたっとしたらナンプラーを加えて混ぜる。

2 器に盛り、ごまを振る。

memo
なすの皮の紫色は、ナスニンっていうポリフェノールの一種なの。
抗酸化作用があるから
ぜひ捨てずに食べましょう。

なす料理の中で私が一番好きなレシピ！

［77kcal（1人分）／塩分量0.3g（1人分）］

6章

頼りにしてよ！たれとソース

うちの冷蔵庫には
いつも自家製のたれやソースが
常備されています。
切っただけ、ゆでただけの野菜にかければ、
あっという間にわが家の味になります。
肉や魚のときは、
野菜を使ったたれやソースを使えば、
野菜の栄養が、
いつの間にかたくさんとれちゃいます。

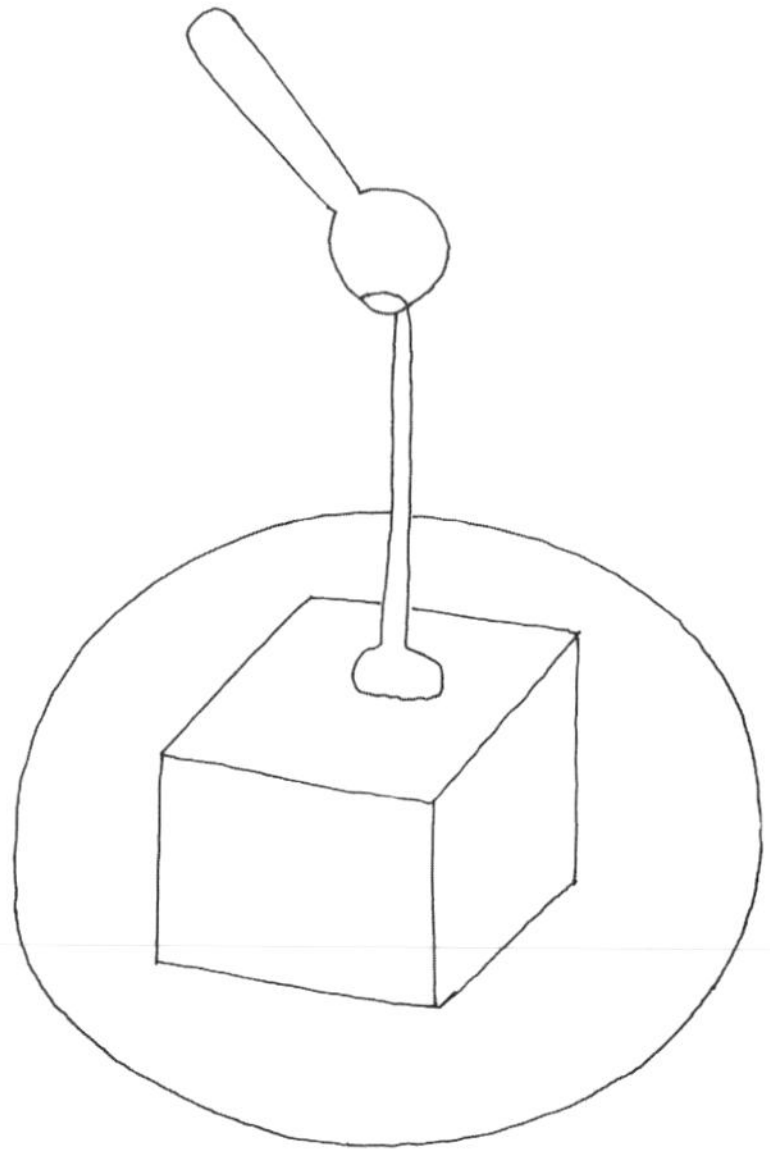

わたしの和だしでかんたん

レミだれ

実家の味を引き継いだ秘伝のたれ。
「わたしの和だし」でさらに時短！

材料（作りやすい分量）

【レミだれ】

A
- みりん…1/4カップ
- 酒…1/2カップ
- わたしの和だし（だしパック）…2パック

B
- しょうゆ…1カップ
- 昆布（10cm角のもの）…1枚

作り方

レミだれを作る。なべにAを入れて火にかけ、沸いたら2分ほど煮立て、Bを加える。火を止めてそのまま冷まし、和だしごと清潔な保存瓶に入れる。しばらくしたら和だしはとり出しても。

memo

8ページで紹介している「わたしの和だし」を使えば、あっという間に作れます。肉にも魚にもなんにでも合う万能だれです。

こうして使って　好みで薄めてめんつゆ、煮もの、うどんだし、おひたしに。
卵かけごはんはこのままで、おいしいおしょうゆと思って使ってください。
冷蔵で1年保存可

豚眠《トンミン》だれ

15ページで紹介した「豚眠菜園」に使うピリ辛だれも、大活躍してくれるわが家の万能調味料。香味野菜をじっくり加熱して作るため、日持ちがするので重宝します。

こうして使って

ゆで野菜、蒸し野菜はもちろん、刺し身や豆腐にかけても。なべものにもおすすめ。**冷蔵で1カ月保存可**

15分

かけてよし、調味料にしてよし。
レンチンで作る手軽さがいい。

玉ねぎソースとかじきソテー

〔197kcal（1人分）／塩分量0.5g（1人分）〕

材料（2人分）

【玉ねぎソース】
（作りやすい分量）
- 玉ねぎ（すりおろす）…1/2個（100g）
- サラダ油…1/4カップ
- 酢、みりん…各大さじ2
- しょうゆ…大さじ1.5
- 砂糖…小さじ2
- こしょう…少々

かじき…2切れ

作り方

1 玉ねぎソースを作る。耐熱ボウルに材料をすべて入れて混ぜ合わせ、電子レンジで7分チンして完成。

2 バットにかじきを入れ、**1**を大さじ3〜4からめて10分おく。フライパンを熱し、たれをぬぐいとって焼く。途中、バットに残ったたれを足しながら、香ばしい焼き色がつくまで焼く。

こうして使って サラダのドレッシング、肉のソテー、冷奴に。
パンにぬって焼いても美味。**冷蔵で約7日保存可**

パクチーソースとしっトリ和え

材料(2人分)

【パクチーソース】

香菜(みじん切り)…20g
オリーブオイル
…大さじ2
粉チーズ…小さじ2
にんにく(みじん切り)
…小さじ1/4
塩…少々

鶏むね肉(皮なし、室温にもどす)
…小1枚(140g)

作り方

1 パクチーソースを作る。ボウルに材料を混ぜて完成。

2 なべに水10カップを沸かし、鶏肉を入れてすぐに火を止めてふたをする。そのまま7分おいてとり出し、さらに余熱で火を通す。

3 ひと口大の薄切りにし、器に盛ってパクチーソースをかける。

**ジェノベーゼソースのパクチー版。
ふわふわ食感のむね肉によく合います。**

[208kcal(1人分)/塩分量0.4g(1人分)]

こうして使って ゆでたパスタとあえたり、豆腐にかけたり。まぐろなど刺し身にもぴったり。トマトスライスやサラダのドレッシングに。**冷蔵で約3日保存可**

10分

クリーミーソースとしいたけ炒め

ゆずこしょうがきいているから、和の食材にぴったりです。

材料（2人分）

【クリーミーソース】
- サワークリーム、牛乳…各大さじ2
- マヨネーズ…小さじ1
- ゆずこしょう…小さじ1～1.5

サラダ油…小さじ1
にんにく（薄切り）…1かけ
A
- しいたけ（軸をとってそぎ切り）…10枚（150g）
- 豚バラ薄切り肉（ひと口大に切る）…3枚（50g）

水…大さじ3

作り方

1. クリーミーソースを作る。ボウルにソースの材料を混ぜて完成。
2. フライパンにサラダ油を熱し、にんにくを炒める。香りが立ったらAを加えて炒め、豚肉の色が変わったら水を加え、ふたをして弱火で火を通す。
3. 器に盛って1をかけ、好みで万能ねぎなどの青みを散らす。

［194kcal（1人分）／塩分量0.5g（1人分）］

こうして使って パスタ、サラダ、野菜や肉のソテーにかけたりあえたり。フライなどの揚げものにかけても。**冷蔵で約3日保存可**

10分

オクラソースととり天

オクラのとろみを生かして、
からみやすいソースにしました。

〔421kcal（1人分）／塩分量1.8g（1人分）〕

材料（4人分）

【オクラソース】
オクラ…70g
A | ごま油、酢、みりん、
　しょうゆ…各大さじ1
　砂糖…小さじ1/2
　青じそ（みじん切り）
　　…10枚
　梅肉…大さじ1

鶏むね肉（ひと口大のそぎ切り）
　…1枚（250g）
塩、こしょう…各少々
天ぷら粉…大さじ5
水…大さじ3
揚げ油…適量

作り方

1 オクラソースを作る。なべにたっぷりの湯を沸かして塩少々（分量外）を入れ、オクラをさっとゆでる。冷水にさらし、みじん切りにしてボウルに入れ、**A**を加えてよく混ぜて完成。

ソースの緑色が鮮やかに。

2 鶏肉は塩、こしょうを振って、天ぷら粉を薄くまぶす。ボウルに残りの天ぷら粉、水を混ぜて衣を作り、鶏肉にからめる。フライパンに約1cm深さの揚げ油を熱し、カラリとするまで揚げ焼きにして油をきる。器に盛って**1**をかける。

こうして使って

つけそばや冷奴、焼き鳥、海藻サラダなどのドレッシングに。ご飯と混ぜてもおいしい。**冷蔵で約7日保存可**

20分

味と香りが力強いアスパラに、
ゴルゴンゾーラの独特な風味が好相性よ。

ゴルゴンゾーラソースとゆでアスパラ

［168kcal（1人分）／塩分量0.5g（1人分）］

材料（4人分）

【ゴルゴンゾーラソース】

A
- にんにく（軽くつぶす）…1かけ
- オリーブオイル…大さじ2

B
- ゴルゴンゾーラ（くずす）…50g
- 生クリーム…1/4カップ
- パン粉…小さじ1.5

グリーンアスパラガス…12本（200g）

作り方

1 ゴルゴンゾーラソースを作る。小なべでAを弱火で10分ほど炒め、カリカリになったにんにくだけをとり出す。続けてBを入れ、分離しないようにしっかり混ぜて完成。

もしも分離しちゃったら牛乳や生クリームなどの乳製品をちょっと加えてみて。

2 アスパラは茎のかたい部分を切り落としてゆで、器に盛る。1のにんにくも添える。

3 1のソースをアスパラにかける。好みでゆで卵を添える。

こうして使って ゆで野菜や蒸し野菜、揚げものにぴったり。
カリッと焼いたバゲットにつけて食べても。冷蔵で約3日保存可

20分

モロッコソースとあじフライ

モロッコを旅したときに
厨房まで押しかけて、レシピを教えてもらったの。

材料（2人分）

【モロッコソース】
トマト…大1個（200g）
A｜玉ねぎ、香菜
　（ともにみじん切り）…各大さじ2
　オリーブオイル…大さじ1
　クミンパウダー…大さじ1/2
　塩…小さじ1/2
　こしょう、タバスコ…各少々

あじ（三枚におろしたもの）…4枚
B｜小麦粉、牛乳、パン粉（ドライタイプ）
　…各適量
サラダ油…1/4カップ～

作り方

1 モロッコソースを作る。トマトは湯むきして粗みじんにし、ボウルに入れてAを加えてよく混ぜて完成。

2 あじはBを順につける。フライパンに約1cm深さのサラダ油を熱し、火が通るまで揚げ焼きにして油をきる。

3 器に盛り、1をかける。好みでイタリアンパセリ、レモンを添える。

［488kcal（1人分）／塩分量2.0g（1人分）］

こうして使って

とんカツ、サラダのドレッシングやパスタソース、白身魚のカルパッチョに。
焼いたバゲットにのせて。**冷蔵で約3日保存可**

白あえとアボカド

なめらかな白あえを
アボカドにからませて。

［36kcal（1人分）／塩分量0.5g（1人分）］

材料（2人分）

【あえ衣】

A
- 絹ごし豆腐…100g
- ねり白ごま…大さじ2
- 薄口しょうゆ…小さじ1
- わさび…小さじ1/2

アボカド（1cm厚さに切る）…1個

作り方

1. あえ衣を作る。Aをフードプロセッサーでなめらかに攪拌し、完成。
（泡立て器でぐるぐる混ぜてもOK。）
2. アボカドにかけて食べる。くるみやあさつきを散らしても。

memo メープルシロップをかければ、デザートに変身よ。

こうして使って ほうれんそうやさやいんげんなど、ゆでた野菜だったらなんでも合います。
豚しゃぶのソースとしても。**冷蔵で約3日保存可**

03分

練りごまディップとカリフラワー

みそやごまの風味が、生野菜の味を引き立てる。

［84kcal（1人分）／塩分量0.3g（1人分）］

材料（4人分）

【練りごまディップ】

A｜マヨネーズ…大さじ2
　｜白みそ、ねり白ごま…各小さじ2
　｜ごま油…小さじ1

カリフラワー（小房に分ける）…適量

作り方

1 練りごまディップを作る。Aをよく混ぜて完成。

2 生のカリフラワーにつけて食べる。

こうして使って　きゅうり、にんじん、大根など生野菜全般に。蒸し野菜にも。**冷蔵で約5日保存可**

05分

にらじょうゆと豆腐

ネットで話題。にらじょうゆの元祖！

材料（2人分）

【にらじょうゆ】

にら…50g

A｜しょうゆ…大さじ2
　｜みりん…小さじ1～

豆腐…1/2丁（150g）

作り方

1 にらじょうゆを作る。なべにたっぷりの湯を沸かし、にらをやわらかくゆでる。ざるにあげ、さっと水にくぐらせて水けをしぼり、細かく切ってから包丁でたたいてトロトロにし、Aと混ぜて完成。

2 豆腐にかけて食べる。

memo 豆板醤やごま油を混ぜても美味。

［26kcal（1人分）／塩分量2.6g（1人分）］

こうして使って

ラーメンのトッピングやなべもののたれとして。ご飯にのせても。**冷蔵で約7日保存可**

ディップ2種ときゅうりの^{2}ビヨン

〔152kcal（1人分）／塩分量2.5g（1人分）〕

切り方ひとつ、
アイデアしだいで食卓に笑顔を！

材料（2人分）

【ヨーグルトディップ】
- ギリシャヨーグルト（または水きりしたヨーグルト）…50g
- 粉チーズ、オリーブオイル…各小さじ2
- 塩、カレー粉…各小さじ1/4
- こしょう…少々

【みそディップ】
- みそ…大さじ1.5
- 甘酒…大さじ1
- みりん（耐熱容器に入れ、ラップをせずにレンジで30秒チンする）…大さじ1

きゅうり…2本
大根（輪切り）…適量

作り方

1 ヨーグルトディップ、みそディップを作る。それぞれボウルに材料を入れてよく混ぜて完成。

2 きゅうりは斜め45度で2mm間隔に切り込みを入れる。上下を返してこんどは垂直の2mm間隔に切り込みを入れ、じゃばらにする。

きゅうりが転がらないように割り箸2本を添えれば、切り落とさずに上手にできます。

3 器に大根を置き、きゅうりを竹串に通して大根に刺す。1をつけて食べる。

じゃばらにすることでディップがよくからみます。

memo
きゅうりはまっすぐなものが切りやすいです。盛りつけは、好きにアレンジしてね。

こうして使って　ヨーグルトディップ／野菜サラダ全般に。パスタにあえても。
みそディップ／鶏肉や魚のソテー、ゆで卵、焼きなすに。
冷蔵で約7日保存可

野菜と仲よくなると、いいこといっぱい！

野菜には、食卓を華やかにするという一面もあります。まずは、洗うだけ、切るだけですぐに食べられる野菜を買ってきてください。トマト、きゅうり、レタスなんかを食べやすく切ってテーブルに並べるだけで、食卓はパッと明るくなります。生野菜は、塩とオリーブオイルをかけるだけで十分おいしいし、野菜が持つ甘みがよくわかりますよ。

手間をかけるばかりが心を込めることではありません。私はカレーやシチューなんかを作るときは、野菜はたいてい「でたらめ切り」。そのほうがスピーディーだし、煮込めば形はくずれちゃうんだから、忙しいときはそれでいいんじゃないかしら。

盛りつけは、いつも豪快ね。お店じゃないんだし、見栄えを気にせずいっぱい盛って、おなかいっぱい食べましょうよ。

野菜をいっぱい食べてきた私は、きっと血液がサラサラのはず。大きな病気もしたことないし、体はいつも軽くて肩こりもないから、マッサージにも行ったことがありません。それどころか、歯医者も行ったことがないくらい健康なんです（笑）。

心にとっても野菜は大事。お肉ばっかり食べているとカッカしちゃうけど、野菜を食べると気持ちがまろやかになるような気がします。

私が心身ともに元気なのは、野菜に感謝し、野菜からも感謝されるよう、いつもマジメに野菜と向き合っているからじゃないかしら。私を応援してくれている皆さんにも「恩返し」の気持ちを込めて、これからもおいしい料理を提案していきたいと思います。

野菜の索引

本書では、きのこ、いも、アボカドも野菜として扱います。

平野レミ

料理愛好家・シャンソン歌手。主婦として家庭料理を作り続けた経験を生かし「料理愛好家」として活躍。“シェフ料理”ではなく“シュフ料理”をモットーに、テレビ、雑誌などを通じて、キッチンにいる時間が楽しみになるようなアイデア料理を発信し続けている。また、レミパンをはじめとしたオリジナルのキッチングッズや調味料の開発も手掛ける。

HP https://remy.jp/
Twitter @Remi_Hirano

イラスト――――和田誠
装丁――――藤田康平（Barber）
本文デザイン――――白井裕美子＋藤田康平（Barber）
撮影――――田中均明
カバー撮影――――邑口京一郎
調理アシスタント――――数本知子　都留沙矢香
担当編集――――澤藤さやか（主婦の友社）

＊本書は朝日生命保険相互会社発行の小冊子「平野レミの野菜倶楽部」で掲載された記事に、新たな写真やレシピ、取材を加えて再編集いたしました。
編集協力／三浦理代（女子栄養大学名誉教授）、株式会社キュリオス

協力／福島県漁業協同組合連合会（P86）

野菜《やさい》の恩返《おんがえ》し

2021年1月31日　第1刷発行

著　者　平野《ひらの》 レミ

発行者　平野健一
発行所　株式会社 主婦の友社
〒141-0021　東京都品川区上大崎3-1-1
目黒セントラルスクエア
TEL　03-5280-7537［編集］
03-5280-7551［販売］
印刷所　大日本印刷 株式会社

ISBN978-4-07-446003-8

■本書の内容に関するお問い合わせ、また、印刷・製本など製造上の不良がございましたら、主婦の友社（電話03-5280-7537）にご連絡ください。
■主婦の友社が発行する書籍・ムックのご注文は、お近くの書店か主婦の友社コールセンター（電話0120-916-892）まで。
＊お問い合わせ受付時間　月～金（祝日を除く）9:30～17:30
主婦の友社ホームページ　https://shufunotomo.co.jp/